보드게임으로 즐기는

엄마표
놀이 수학

우리 아이 수학 흥미 제대로 돋우는
보드게임 큐레이션 31

보드게임으로 즐기는

엄마표 놀이 수학

조은수 지음

문예춘추사

부모님은 수학이 쉽고 재미있었나요?

"제 아이가 수학을 어려워해요. 수학 공부를 어떻게 해야 할까요?"

이렇게 묻는 부모님께 저는 이렇게 되묻고 싶습니다.

"부모님은 수학이 쉽고 재미있으세요?"

이미 부모님께서 수학이 어렵고, 지루하고, 딱딱한 과목이라는 선입견을 가지고 있는데, 내 아이는 수학을 좋아하고, 쉽게 생각하고, 재밌게 즐기길 바란다는 것 자체가 어쩌면 모순이 아닐까요? 주변에서 학부모가 된 지인들이나 커뮤니티 등의 글을 통해 직간접적으로 접한 정보에 따르면, 부모님들은 주로 다음과 같은 것들을 궁금해 하시더라고요.

"교과 수학 학원, 사고력 수학 학원 중 어디로 보내야 할까요?"
"연산과 사고력 중에 무엇을 더 우선시해야 할까요?"

"선행을 달리는 게 좋을까요, 현행을 다지면서 심화하는 게 좋을까요?"

"지금 학원을 다니고 있는데 수학 성적이 별로 좋지 않아요. 학원을 바꿔야 할까요?"

위 질문들에 공통적으로 빠진 것이 있습니다. 바로 내 아이가 스스로 수학 공부를 할 수 있도록 도와주고, 동기부여해 주고, 자신감을 불어넣어 주려면 어떻게 해야 하는지에 대한 질문입니다. 교과 수학이냐 사고력 수학이냐, 연산 학습이냐 사고력 학습이냐가 핵심이 아닙니다. 사실 저는 애초에 연산 학습과 사고력 학습을 구별할 수 있는지 그 자체가 의문입니다. 또 어느 학원을 다니느냐가 중요한 게 아니죠. 중요한 것은 내 아이가 '진짜' 수학 공부를 '제대로' 하고 있느냐입니다.

수학교사에 부모의 눈을 더하다

수학이 좋고 가르치는 일이 좋아서 수학교육을 전공했습니다. 졸업하자마자 임용된 서울의 한 고등학교 학생들 대부분은 수학을 어려워하고, 수학에 흥미가 없었습니다. 대학 입시를 위한 문제풀이식 교육이 중심이 되는 학교 현장과 당장의 시험 성적이 중요한 학생들. 그런 상황에서 수학이 재미없고 싫은 과목이 되는 것은 너무나도 자연스럽고 당연한 결과였습니다. 그리고 그 거대한 벽 앞에 수학교사

로서의 정체성이 한없이 작아질 때도 있었습니다.

저를 처음 만난 사람들은 제가 수학교사라고 소개하면 대부분 비슷한 반응을 보입니다.

"아, 그 어려운 수학을. 저는 학교 다닐 때 수학이 제일 어려웠어요."

아마 더 솔직하게 '저는 수학이 제일 싫었어요'라는 말을 하고 싶었겠지만, 그건 차마 제 앞이라 삼킨 표현이었을지도 모르겠네요. 저는 학생들이 왜 그렇게 수학 공부를 열심히 하면서도 힘겨워하는지 찬찬히 들여다보았습니다. 제가 내린 결론은 단 하나입니다. 학생들이 '생각하는 과정' 그 자체를 즐기지 못하고, 새로운 내용을 당장 이해하고 정답을 맞히는 데만 급급해 하더라고요. 그러다 보니 대부분 스스로 '생각하는' 대신 누가 설명해 주는 수업을 '듣는' 수학 공부를 합니다. 어쩌면 이 글을 읽는 여러분은 '그거 뻔한 이야기 아니야?'라고 생각하실지도 모르겠습니다. 그런데 그 '뻔한' 이야기가 가장 중요한 본질이기에 바로 거기에서부터 다시 진지하게 고민해 보려 합니다.

사랑스러운 두 아이들을 만난 후 저는 이제 수학교사라는 정체성에 부모의 눈을 더하게 되었습니다. 올해 만 6세, 4세가 되는 남매들을 키우고 있지요. 아이들과 함께 자연스럽게 수학 활동을 하고 아이들로부터 생각지도 못한 다양한 반응과 사고를 발견해 내면서, 그 기쁨을 많은 분들과 나누고 싶었습니다. 사실 본인은 비록 수학을 어려워했어도 내 아이만큼은 수학을 좋아하고 잘했으면 하는 것은 모든 부모님들 마음이겠죠. 그런 부모님들 마음에 충분히 공감하며 그에 대한 고민과 방향성을 이 책에서 함께 나누고자 합니다. 20년 넘게 수학교육 현장에서 '수학교육'이라는 화두와 마주해 온 사람으로서, 그리고 내 아이만큼은 자신감을 가지고 다양한 분야에서 높은 성취를 이루어 냈으면 하는 부모 마음으로, 내 아이와 '수학'을 하며 함께 성장해 나가는 여정의 길잡이 역할을 해 드리고 싶습니다.

성공의 지름길은 '속도'보다 '방향'이라고 하죠. 이 책을 통해 저는 수학 학습의 본질을 찾아 나가며 아이들에게 수학의 유용성과 가치를 인식하고 계속 도전하는 자신감과 용기를 북돋아 줄 수 있는 방향을 제시하고자 합니다. 실제로 제가 저의 아이들과 삶 속에서 수학을 접하는 장면을 생생하게 보여 드리며 독자 분들도 그대로 따라하실 수 있도록 도와드리겠습니다. 이 책은 '보드게임'을 통해 수학을 자연스럽게 터득하는 다양한 방법들을 소개하고 있지만, 사실 그것이 제가 전해 드리고 싶은 전부는 아닙니다. 그보다는 보드게임이라는 소재를 통해 수학 학습의 방향성을 알아차릴 수 있기를 바랍니다. 그 방향에 더 마음을 기울이고 읽어 주신다면 부모님과 아이들에게 큰 도움이 되리라 확신합니다.

놀면서 쑥쑥 자라는 수학적 사고 능력

'천재는 노력하는 자를 이기지 못하고, 노력하는 자는 즐기는 자

를 이기지 못한다'라는 말을 다들 한 번쯤 들어 보셨을 거예요. 좋아하고 즐기게 되면 저절로 몰입하게 되어 잘할 수밖에 없다는 뜻이죠. 특히 유아기 때 처음 접하는 수학은 즐겁고 긍정적인 느낌이어야 합니다. 초등학교 교과서에도 '놀이 수학' 코너가 있을 정도로 아이들에게 호기심과 흥미를 유발하는 놀이의 교육적 효과는 매우 크지요.

그건 다 아는데, 어떻게 시작해야 할지 막막하시다고요? 혹시 엄마표 수학 놀이를 한다고 재료부터 사고, 준비물 만드는 일에 지쳐 시작도 못하고 있진 않으신가요? 이 책에서는 준비물 필요 없이, 그냥 일상 속에서 누구든지 할 수 있는 생활 수학 팁들을 소개하겠습니다. 실제로 모두 제가 아이들과 함께했던 사례들이에요. 부모님들께서는 '잘 듣는 법', '잘 질문하는 법'만 터득하시면 됩니다. 주의 깊게 듣고 질문만 살짝 다르게 해도 우리 아이들의 생각하는 힘을 쑥쑥 자라게 할 수 있거든요.

두 번째로 적극 추천하고 싶은 것은 보드게임입니다. 보드게임은 놀이하는 재미와 수학으로 생각하는 연습을 동시에 할 수 있는 최고의 활동이에요. 그런데 보드게임을 그냥 하기만 해서는 좀 부족합니다. 부모님들이 원하는 최대한의 효과를 내려면 역시 발문이 정말 중요해요. 이 책은 단순히 여러 보드게임들을 소개하는 데 그치는 것이 아니라, 보드게임을 하면서 아이들을 어떻게 이끌어 가고, 어떻게 질문해야 하는지에 대한 구체적인 팁들을 제공합니다. 수학 학습지 한 장 푸는 것보다 훨씬 더 깊은 생각을 이끌어 낼 수 있는 질문들을 통해 우리 아이들에게 생각하는 즐거움을 일깨워 주시기를 기대합니다.

이 책을 통해 나누고 싶은 것은 '이것'입니다.

📖 3~4세부터 일상 속에서 자연스럽게 접하며 수학적 감각을 기를 수 있는 다양한 팁들을 제공합니다.

📖 실제 아이들과 해본 경험을 바탕으로 하나의 보드게임을 가지고 아이의 연령이나 수준에 따라 다양하게 변형할 수 있는 방법, 보드게임을 효과적으로 활용하는 방법들을 소개했습니다.

📖 보드게임을 하며 수학적 사고력을 발달시키기 위해 필요한 적절한 발문이나 진행 방법을 담았습니다. 그대로 따라 하시면 되도록 최대한 쉽고 간결하게 설명했어요.

📖 각 보드게임마다 초등학교 교육 과정 상의 해당 범위를 수록하여 초등 수학 학습과의 연계가 가능하도록 했습니다. 초등학교 3~4학년까지의 수학 내용을 이 책에 소개된 보드게임을 통해 대부분 배울 수 있어요.

📖 수학 학습의 본질이 무엇인지, 수학적 사고력을 발달시키기 위해서는 일상에서 어떻게 접근하고 어떤 능력을 길러야 하는지, 그 방향성을 제시했습니다.

이 책이 모든 부모님들에게 아이와 함께 행복한 수학 공부를 할 수 있다는 자신감을 드릴 수 있기를 진심으로 기원합니다.

📖 이 책에 등장하는 찐남매네 아이들

2018년생
6세

우진이 🫘

두 돌 무렵부터 본격적으로 보드게임에 입문한
찐남매네 오빠입니다.
보드게임에 푹 빠져 있는 우진이는 이 책 곳곳에서
활약을 펼칠 예정이에요.
보드게임을 통해 현재 덧셈, 뺄셈, 곱셈, 나눗셈까지
섭렵했답니다. 최근에는 '24 곱하기 16은?',
'48의 약수는?'과 같이 두 자리 수 곱셈 문제나
곱셈 구조에 관련된 문제 내고 답하기를
즐겨 하고 있어요. 우진이가 수학적으로
사고하는 모습을 생생히 관찰해 보세요!

2020년생
4세

예진이 🫘

아직 앉아서 하는 보드게임보다는 몸으로 노는 게
훨씬 더 신나는 찐남매네 여동생입니다.
보드게임 하고 싶은 오빠의 상대 역할을
톡톡히 하기도 하지만, 때로는 규칙을 엉망으로
만들어 오빠를 화나게 하기도 하지요.
그러나 누구보다도 오빠를 사랑하고 오빠에게
사랑받는 귀염둥이 막내랍니다.
예진이 모습을 통해 어린아이 수준에 맞게
보드게임을 변형해서 즐기는 팁을 얻어 보세요!

CONTENTS

Chapter 3

보드게임 200% 활용법

Chapter 4

보드게임으로 만나는 수학

Chapter 5

수학으로 만나는 세상

Chapter 1

태어나서 처음,
수학을 만나다

"수학은 언제 시작해야 하나요?"

이런 질문을 하는 부모님들이 많습니다. 수학공부를 언제부터 본격적으로 시작하면 좋은지에 대한 질문입니다. 그리고 '여섯 살부터는 시작해야 돼'라고 한다면, 여섯 살부터 할 수 있는 학습지를 검색합니다. 시중에서 구입해서 풀게 하거나 방문 교재 수업을 받게 하거나 하지요. 때로는 유명하다는 수학 학원에 보내기도 합니다.

사실 수학은 우리 삶 속 어디에나 존재합니다. 수학이 우리와 동떨어진 대상이 아니라 우리의 삶 그 자체라고 인식하는 것이 우리가 수학을 대하는 출발점이어야 합니다. 그러니까 수학은 태어나자마자 하는 거지요. 수학이라는 학문이 다루는 핵심 주제 중 하나는 같은 것과 다른 것을 분류하는 활동입니다. 아이들이 태어나서 엄마, 아빠를 다른 사람들과 구분하기 시작했다면 아이는 이미 수학을 시작한 셈입니다.

온 세상은 수학으로 이루어져 있습니다. 그리고 우리는 이를 지각하고 사고하면서 세상을 해석하는 틀을 점차 확장시켜 나갑니다. 이것이 바로 우리가 수학을 배우는, 수학을 통해 배워야 하는 본질입니다. 연산 문제집 몇 장 푸는 게 수학 공부의 전부가 아니라는 뜻입니다. 그러니 부모님은 아이에게 수학을 발견하고, 수학을 창조해 내고, 수학적으로 사고하는 힘을 길러 주는 데 초점을 맞추어 주세요. 아이 내면에 있는 수학적 사고의 잠재력을 최대한 이끌어 내는 데 집중해 주세요.

이번 장에서는 제가 아이들과 실제로 나누었던 대화를 생생하게 들려드리며 수학적 사고를 자연스럽게 확장해 나가는 방법들을 알려 드리고자 합니다. 아이들에게 어떻게 질문하는지, 어떤 방법으로 아이들 사고를 이끌어 내는지를 중점적으로 살펴 주시면 큰 도움이 될 거예요. 거창한 고민이나 준비 없이, 그야말로 일상생활에서 편하고 자연스럽게 대화하고 놀이하는 와중에 부모님도 아이들도 함께 행복한 경험을 하도록 하는 것이 핵심이지요.

우리 아이 수학 첫걸음, 어떻게 시작하지?

아주 오래전 인류의 수 세기는 '하나, 둘, 많다'였다고 합니다. 1, 2, 3…과 같이 수를 인식하는 것이 결코 쉽고 자연스러운 과정이 아니라는 뜻이죠. 사실 사과가 세 개, 책이 세 권, 양이 세 마리, 우리 가족 세 명과 같이 각기 다른 상황 속에서 '셋'이라는 공통된 요소를 뽑아내어 '3'이라는 기호로 표현하는 것은 수학의 본질인 추상화 과정이에요. 수 세기는 바로 우리 아이들이 만나는 첫 추상화 단계라고 할 수 있지요. 또 서로 다른 물건이나 대상들에서 모양이나 색깔의 공통 요소를 뽑아 이름 붙이는 일 역시 추상화 과정이라고 할 수 있어요. 그럼 아이들이 다양한 구체물을 통해 자연스럽게 추상화할 수 있도록 도와주는 방법을 알아볼까요?

🏛 토끼가 몇 마리 있어?

물건 대상을 셀 때 하나, 둘, 셋…과 같이 세지요. 주변의 모든 사물들을 보며 다양한 상황에서 아이와 함께 손가락으로 하나하나 가리키며 세어 보세요. 처음에는 다섯 개 이하에서 세다가 아이 능력에 따라 점점 열 개, 스무 개로 확장해 볼 수 있어요.

👩 우리 가족은 몇 명?

🧒 하나, 둘, 셋, 넷. 네 명.

👩 사탕이 몇 개 있어?

🧒 하나, 둘, 셋. 세 개.

👩 자기 전에 책 세 권 읽을까? 예진이가 읽고 싶은 책 세 권 뽑아 올래?

👩 여기 토끼 있다. 토끼가 몇 마리 있는지 세어 볼까?

🧒 하나, 둘, 셋, 넷, 다섯. 다섯 마리.

👩 와, 귤이 많이 있네. 우리 같이 세어 볼까?

🧒 하나, 둘, 셋…, 일곱, 여덟.

👩 예진이 나이는 몇 살?

🧒 세 살!

🏛 엄마 하나, 아빠 하나, 오빠 하나, 나 하나

중학교 함수 단원에서는 '일대일대응'이라는 용어가 처음으로 등장합니다. 그런데 이 일대일대응 개념이 수 세기의 첫 기초라는 사실을 아시나요? 우리 가족이 네 명인데 딸기가 네 개 있어요. 딸기 네 개로 각자 하나씩 먹으면 딱 맞는데, 바로 딸기 네 개와 우리 가족 네 명 사이에 일대일대응 관계가 있기 때문이죠. 그리고 이 일대일대응이 되는 대상들에서 '넷'이라는 공통요소를 뽑아 내는 것이 바로 추상화 과정이랍니다.

자, 엄마가 딸기를 총 몇 개 가져왔을까? 하나씩 세어 볼까?

하나, 둘, 셋, 넷.

오, 네 개구나. 그럼, 우리 가족은 몇 명이지?

엄마, 아빠, 오빠, 예진 네 명.

딸기도 네 개. 우리 가족도 네 명. 그러면 우리 가족이 딸기를 각각 몇 개씩 먹을 수 있어?

하나씩.

그렇구나! 예진이가 하나씩 나누어 줄래?

좋아!

🏛 양 일곱 마리는 7이야

이제 수와 양을 일치시킬 차례입니다. 하나를 숫자 '1'에, 둘을 숫자 '2'에… 아홉을 숫자 '9'에 대응시켜 줍니다. 일, 이, 삼, 사는 이 수들을 읽는 표현이고, 이 수들이 가리키는 양이 각각 하나, 둘, 셋, 넷이 되는 것이죠. 아이들은 드디어 양 일곱 마리와 손가락 일곱 개가 '7'이라는 수로 표현될 수 있음을 알게 됩니다. 먼저 1부터 10까지 적혀 있는 수 카드를 이용해서(없으면 종이에 그려서 만들어도 됩니다) 수를 익히고, 그 수에 해당하는 양들을 대응시켜 주세요.

- 🧑 7 어디 있을까? 7 찾아보자.
- 🧑 그럼 이번에는 4가 어디 있지? 4가 어디 있을까?
- 🧑 어? 예진이 네 살, 네 살은 4. 4는 예진이 나이네.

- 🧑 여기 양이 몇 마리 있는지 세어 볼까?"
- 🐑 하나, 둘, 셋, 넷, 다섯. 다섯 마리.
- 🧑 다섯은?
- 🐑 5!

🏛 5 다음은 뭐지?

수와 양을 일치시키는 것과 수의 순서를 파악하는 것은 다른 차원이에요. 앞에서 사용한 수 카드를 이용해서 순서대로 배열하는 연습도 함께 해봅니다. 찐남매네는 주로 '셈셈수놀이' 보드게임에 들어 있는 수 카드를 많이 이용하는데요. 자세한 놀이 방법은 보드게임편을 참고해 주세요.

👦 여기 1부터 10까지 수가 적혀 있는 카드가 있네. 순서대로 가져와 볼까?

👦 제일 먼저 1부터~ 1이 어디 있을까? 그다음은 2, 3….

👦 이제 마지막 카드 10. 예진이가 순서대로 말해 볼까?

👧 일, 이, 삼… 십.

🏛 손들고 100까지 세는 거야

아이를 키우다 보면 어쩔 수 없이 훈육을 해야 하는 상황이 오죠. 체벌에 대해서는 교육적 논란이 있을 수 있지만, 라포가 충분히 형성된 부모와 자녀 관계에서 확실히 잘못한 행위에 대한 벌은 허용 가능하지 않을까요? 찐남매들은 여기에 덤으로 100까지 세면서 수 세기 틈새 활동을 한답니다.

👦 둘이 여기 벽 앞에 서서 두 손 들고 100까지 세는 거야.

👧 하나, 둘, 셋….

👦 차근차근 안 세고 빨리 세면 처음부터 다시 세는 거야.

👧 …아흔여덟, 아흔아홉, 백.

🏛 누구 그림자가 더 길어?

햇살이 포근하게 내리쬐는 맑은 날, 아이와 손잡고 걸어가다 보면 문득 그림자에 호기심을 보이곤 합니다. 어른에게는 너무나도 익숙한 그림자가 아이에게는 신선한 충격으로 다가오나 봅니다. 바닥을 가리키며 엄마! 하고 부르죠. 키가 큰 엄마와 키가 작은 자신의 그림자를 발견한 아이와 길이에 대한 이야기를 나누며 하하호호 합니다.

 오, 우리 예진이와 엄마 그림자네? 누구 그림자가 더 길어?

 엄마!

 아하, 엄마 그림자가 더 길고, 예진이 그림자가 더 짧구나. 왜 그럴까?

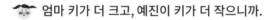 엄마 키가 더 크고, 예진이 키가 더 작으니까.

> ※ 길다/짧다, 크다/작다, 많다/적다, 높다/낮다와 같은 개념들은 일상 곳곳에서 발견할 수 있어요. 아이가 좋아하는 간식을 가지고 많고 적음을 이야기할 수도, 길거리에 서 있는 나무들을 비교하면서 높고 낮음을 이야기할 수도 있지요. 그림책을 이용할 수도 있고요. 측정하고 비교하는 다양한 상황들을 주제로 아이와 대화해 보세요.

🏛 동그라미 모양 모여라!

모양과 색깔을 구분 짓는 활동은 같은 것과 다른 것을 구별해 내는 추상화 능력의 첫걸음입니다. 우리 주변 사물에 대해 호기심을 가지고 수

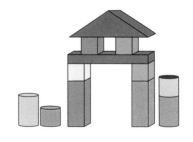

학적 활동도 할 수 있는 일석이조 활동이에요. 어른 눈에는 별거 아

닌 것 같아 보여도 아이들은 정말 즐거워하지요. 형제자매가 있다면 더욱 신나게 즐길 수 있답니다.

- 🧒 자, 동그라미 모양 다 찾아오세요!
- 🧒 이건 뭐야? 이 물건 이름이 뭐지?
- 🧒 그럼, 이번에는 세모 모양 다 찾아오세요!
- 🧒 이제 빨간색이 들어 있는 물건 다 찾아오세요!

🏛 우리 가족 나이는?

모르는 아이들을 만나면 제일 많이 하는 질문이 "몇 살이야?"입니다. 그럼 아이들은 작고 귀여운 고사리 손으로 힘겹게 손가락을 펴며 "떼 살"이라고 답하죠. 세 살이라는 건지 네 살이라는 건지 모르겠지만, 하여간 참 귀엽습니다. 신기하게도 수를 다 알지는 못해도 본인 나이는 꽤 일찍부터 잘 말하더라고요. 역시 많이 듣고 많이 접하는 게 최고인가 봅니다. 이제 한 발 더 나아가 우리 가족, 친척들의 나이 혹은 생일을 이야기하면서 자연스럽게 수를 접하며 다양한 사고를 해볼까요?

- 🧒 오빠는 몇 살? 엄마는? 아빠는? 할머니는? 할아버지는?
- 🧒 예진이 작년에는 몇 살이었지? 그럼 지금은?

조금 더 진도를 나가면 이런 질문도 할 수 있어요.

🙂 내년에 예진이가 몇 살이 될까? 그럼, 오빠는 몇 살이 될까?

🙂 오빠와 예진이는 몇 살 차이가 날까?

🙂 예진이가 다섯 살이 되면 오빠는 몇 살일까?

내친김에 온 가족 생일도 기억해 봅니다.

🙂 우리 예진이 생일은 몇 월 며칠일까?

🙂 오빠 생일은? 엄마는? 아빠는? 할머니는? 할아버지는?

🙂 우리 가족 생일을 달력에 표시해 볼까?

주위를 둘러봐, 온 세상이 수학이야

'만물은 수이다.'

고대 그리스 수학자 피타고라스(BC 582?~BC 497?)가 남긴 유명한 말입니다. 중학교 시절 달달 외우며 중요하다고 별표 다섯 개 쳤던 피타고라스 정리를 기억하시나요? 바로 그 피타고라스예요. 세상을 처음 마주한 우리 아이들에게 이 세상은 수와 도형들로 가득 차 있지요. 주위에서 수학을 발견하는 활동은 수학적 민감성을 기르는 데 큰 도움을 줍니다. 일상생활에서 쉽고 간편하게 접근할 수 있는 다양한 활동들을 알아볼까요?

🏛 숨바꼭질할 사람 여기 붙어라

1부터 10까지 수를 순서대로 말하는 데 익숙해지면 이제는 거꾸로 세기에 도전해 봅니다. 전자레인지 표시판에서, 아래로 내려가는 엘리베이터에서, 새해맞이 카운트다운에서 등등 주위를 둘러보면 거꾸로 세는 상황들을 종종 발견할 수 있습니다. 최근에는 횡단보도 초록색 신호등에서 수가 거꾸로 줄어들며 남은 시간을 표시해 주는 곳이 많아요. 아이들은 때때로 속타는 엄마 마음도 모른 채 갑자기 횡단보도 중간에 서서 꾸물거리기도 하지요. 이때 "시간이 얼마 없어, 빨리 건너야 돼"라는 외침 대신, 아이와 함께 신호등의 줄어드는 수를 외치며 제 시간 안에 도착할 수 있도록 유도해 보세요.

> 🧑 신호등이 초록색으로 바뀌면 건너는 거야. 초록색으로 바뀌면 엄마에게 알려 줘.
>
> 🐶 엄마! 초록색이요.
>
> 🧑 오, 바뀌었네. 차들이 잘 멈추었나 살펴보면서 건너자. 그런데, 저기 봐봐. 몇 초 남았어?
>
> 🐶 10초!
>
> 🧑 앗, 얼마 안 남았다. 서두르자.
>
> 🐶 구! 팔! 칠! 육! 오! 사! 삼! 이! 일!
>
> 🧑 와~겨우 도착했네. 잘했어, 예진아!

찐남매네는 아이들과 함께 놀이할 때 거꾸로 세기를 많이 이용하기도 해요.

👧 숨바꼭질 놀이 할 사람 여기 붙어라. 십, 구, 팔, 칠, 육, 오~

😊 저요.

👧 사, 삼, 이, 일.

🏛 길거리 간판에도, 지나가는 버스와 자동차에도 수가 있어

길거리는 수 학습, 한글 학습을 하기에 매우 훌륭한 환경입니다. 무심코 지나치지 마시고, 아이들의 호기심을 자극하며 즐겁게 대화를 나누어 보세요.

👧 저기 몇 번 버스가 지나가지?

😊 38번, 어? 저거 승기 형아네 집 가는 버스예요.

👧 그럼, 저 버스는 몇 번이야?

😊 6200번이요.

👧 저기 서 있는 자동차 번호판은 뭐라고 적혀 있니?

😊 123머4567이요.

👧 오, 저 간판에도 수가 보이는데?

😊 맞네, 723이요.

👧 우리, 수 찾기 놀이 해볼까?

😊 저기, 저기, 저기….

🏛 지하주차장에는 기둥마다 수가 적혀 있단다

요즘에는 대중교통보다는 '우리집 자동차'를 많이 이용합니다. 아파트나 상가 건물 지하주차장에는 기둥마다 고유 번호가 적혀 있어요. 일종의 위치를 알려 주는 셈이죠. 지하주차장을 걸어가면서 자연스럽게 수 읽기 놀이를 할 수 있습니다.

🧒 저기 뭐라고 적혀 있지?

🧑 삼십오!

🧒 그럼 35 다음에 36은 어디에 있나?

🧑 아, 저기 있다 삼십육.

🧑 삼십칠, 삼십팔, 삼십구, 사십….

🧒 저기 저거는 어떻게 읽지?

🧑 백십삼.

🧒 그럼 이거는?

🧑 백십구.

우진이는 지하주차장 기둥에 적혀 있는 수들을 읽으며 세 자리 수까지 쉽게 읽을 수 있게 되었답니다. 113은 쉽게 읽어도 109와 같이 가운데 0이 들어 있는 수는 어려워하는 게 당연합니다. 0이 자릿값을 의미하는 새로운 규칙으로 존재하는 숫자이기 때문이죠. 적절한 방식으로 설명하거나 질문하며 아이가 이해할 수 있도록 천천히 기다려 주세요.

⛩ 엘리베이터에서도 심심할 틈이 없어

"내가 할 거야! 예진이가 할 거야!"

아마 서너 살 어린아이들을 키워 보신 부모님들이라면 너무나 익숙한 표현일 거예요. 대부분의 아이들이 엘리베이터에 타면 '내가 내가!' 하며 버튼을 누르고 싶어 합니다. 이때 부모는 '네가 점점 이 세상에서 너의 생각과 주장들을 펼치기 시작하는구나' 하고 뿌듯한 마음으로 바라봅니다. 발달학적 관점으로도 한창 자기주도성이 활발해지는 바로 이 시기를 놓치지 마세요! 조금만 인내심을 가지고 기다려 주며 스스로 도전하고 해결하는 경험을 많이 쌓도록 도와주는 것이 무엇보다 중요합니다. 우리집이 몇 동 몇 호인지도 질문하며 문 앞에 쓰인 수를 읽어 보는 경험도 좋겠죠?

👧 그래, 예진이가 눌러 봐. 우리집은 몇 층이지?

👦 잘 눌렀어. 문도 닫아 주세요. 어떤 버튼을 눌러야 할까?

👦 위에 숫자가 보이네. 지금 몇 층 가고 있어?

👧 자, 우리 할머니 집에 가고 있네. 할머니 집은 몇 층이더라? 예진

이가 눌러 주세요.

🙂 이야, 이제 키도 커서 할머니 집도 예진이가 눌러 줄 수 있구나. 고마워.

🙂 우리집은 몇 호지? 여기 문 앞에 적혀 있네.

🙂 그래, 5층이라 505호야.

요즘 상가에 가면 홀수층 엘리베이터와 짝수층 엘리베이터가 나뉘어 운행되는 곳들이 종종 있지요. 홀수, 짝수 개념을 익힌 우진이가 이 엘리베이터들을 보더니 반가워합니다.

🙂 엄마, 여기 홀수층/짝수층이 있어요.

🙂 오, 그러네. 홀수, 짝수가 뭐였는지 기억나? 어떤 수가 홀수였지?

🙂 1, 3, 5, 7, 9가 홀수예요.

🙂 잘 기억하고 있네. 그럼 짝수는?

🙂 2, 4, 6, 8, 10이 짝수예요.

🙂 그래, 그러니까 이 엘리베이터 두 대 중 홀수층이라고 적혀 있는 엘리베이터는 1층, 3층, 5층, 7층, 9층만 가고, 짝수층이라고 적혀 있는 엘리베이터는 2층, 4층, 6층, 8층, 10층만 가는 거래. 왜 이렇게 나누어 놓았을까?

🙂 엘리베이터가 모든 층에 다 서면 시간이 너무 오래 걸리니까.

🙂 그런데 짝수층 엘리베이터가 1층에도 서네? 아까 1은 홀수라고 했는데 왜 설까?

🙂 1층은 모든 사람이 타거나 내릴 수 있어야 하겠지? 그래서 1은 홀수

이긴 하지만 짝수층이라고 적혀 있는 엘리베이터도 1층에 서는 거야.

🏛 우리집은 평행선과 수직선으로 가득해

'평행'과 '수직'이라는 용어는 초등학교 4학년에 처음 나오는 좀 딱딱한 개념이지요. 그런데 저는 이런 생각을 해봅니다. 우리는 어려운 말이라고 생각하지만, 어차피 모든 단어를 새로 받아들여야 하는 아이들에게는 쉽고 어려운 단어가 따로 있을까 하고요. 수학에서 용어와 정확한 정의는 매우 중요한 부분이기 때문에 굳이 쉬운 표현(이라지만, 공식적으로 쓰지 않고 어릴 때만 쓰는 표현)을 쓰지 않고 정확하게 사용하는 편이 사고를 명확히 하는 데 오히려 도움이 된다고 생각해요. 사실 '평행'이나 '수직'이라는 단어는 곰곰이 생각해 보면 은근히 일상생활에서도 많이 쓰는 표현이랍니다.

😊 여기 이렇게 그어진 두 선을 쭉 계속 그어 나가면 언젠가 만나게 될까?

😄 아니요.

😊 이렇게 아무리 그어도 만나지 않는 이 선들을 '평행'하다고 말해.

😊 우진이가 평행한 선들이 또 어디 있나 찾아볼래?

😄 여기요, 우아, 여기 평행한 선 엄청 많아요.

😊 우리집에 평행선이 엄청 많았네, 정말!

😊 우진아, 위에 천장을 봐. 저기에도 평행선이 있어.

😄 어? 바닥에도 있는 것 같은데?

🙂 평행선이 진짜 많아요!

🏛 엄마, 나 몸무게 0.2kg 늘었어요

　찐남매네는 욕실 앞에 디지털 체중계가 놓여 있어요. 목욕하러 들어가기 전에 종종 올라가 보곤 하는데요. 보통 체중계는 소수 첫째자리까지 표시되기 때문에 자연스럽게 소수점 단위까지 수를 확장할 수 있게 되었지요. 처음에 당황해 하는 우진이에게 소수점 의미를 알려 주었더니, 몸무게가 얼마큼 늘었는지 스스로 말하면서 뿌듯해 한답니다. 사실 소수 역시 초등학교 4학년 때 처음 등장하는 개념이지만, 아이가 호기심을 보이는 순간이 있다면 언제든 시도해 보세요.

🙂 엄마, 이건 뭐예요?

🙂 응, 18kg과 19kg 사이를 더 자세하게 표시해 주고 싶어서 소수점
　을 사용한 거야. 이건 18.3kg이라고 읽으면 돼.

🙂 아하!

🙂 엄마, 오늘은 밥 많이 먹었더니 18.5kg이 되었어요.

🙂 어, 그러네? 어제는 18.3kg이었는데, 지금은 18.5kg이 되었네?
　몸무게가 늘었어, 줄었어?

🙂 늘었어요.

🙂 얼마큼 늘었을까?

🙂 0.2kg이요.

🏛 오늘은 영하 몇 도?

요즘에는 일기예보 앱을 보며 매일 오늘의 기온을 체크하곤 하죠. 이때 아이와 함께 보며 오늘 날씨에 대해 이야기 나누어 보세요. 특히 겨울이라면 영상, 영하 개념으로 확장되면서 자연스럽게 음수 개념을 터득하게 된답니다. 음수 개념은 중학교 1학년 때 처음 등장하므로 아이가 어려워한다면 너무 무리하지는 마세요.

> 🧒 오늘은 최고기온이 몇 도이고, 최저기온이 몇 도래?

> 🧒 최고기온이 영하(-) 5도면 엄청 춥겠다, 따뜻하게 입고 나가자.

> 🧒 바닥에 얼음이 얼어 있네. 너무 추우면 물이 얼어서 얼음이 돼. 몇 도가 되면 얼까?

> 🧒 물이 어는 순간을 0도라 하고, 0보다 아래, 즉 영하에서는 물이 얼게 된단다. 영상으로 올라가면 얼음이 녹아서 다시 물이 될 거야.

※ 건물의 지상, 지하를 이용해서도 음수 개념을 획득할 수 있을까?
우리나라에서는 일반적으로 0층이라는 개념이 없고, 1층 바로 아래가 지하 1층입니다. 최근에는 필로티 층이 있는 경우 이를 0층으로 해석할 수도 있지만, 그리 많지는 않은 것 같습니다. 지상과 지하 개념은 음수 개념으로 확장하기 좋은 도구가 될 수 있지만, '0'이라는 개념이 빠져 있기에 자칫 오개념을 불러일으킬 수도 있어요. 이 부분을 주의해 주세요!

평범한 재료들로 뚝딱뚝딱, 수학을 창조해

'수학의 본질은 그 자유로움에 있다.'

집합론의 창시자로 유명한 독일 수학자 칸토어(1845~1918)가 남긴 말입니다. 우리 주위의 다양한 재료, 다양한 도구들을 이용하여 아이들 눈으로 만들어 내는 무궁무진한 상상력에 수학을 살짝 얹어 보세요. 정해진 과제를 하는 게 아니라, 본인이 스스로 만들어 낸 과제를 해결하는 기쁨, 발견과 창조의 기쁨을 선사해 줄 수 있는 수학의 세계로 들어가 볼까요?

🏛 스케치북 위에 펼쳐지는 무한한 상상력

찐남매네 집에는 색연필과 함께 스케치북이나 도화지가 늘 준비되어 있어요. 물론 대부분은 그림 그리기에 이용되지만, 종종 수 학습이나 문자 학습에도 많이 활용되곤 한답니다. 엄마, 아빠와 함께 문제 내고 맞히기 놀이를 하거나 우진이 스스로 수를 적어 보기도 하고, 때로는 삼각자를 이용해 여러 도형도 그려 봅니다.

 우진아, 엄마가 문제 내 줄까? 흠, 이거 어려울 텐데, 할 수 있으려나? 7 더하기 8은?

15!

오! 맞아. 어떻게 그렇게 생각했어?

8 더하기 8은 16이니까 8 더하기 7은 16에서 1을 빼면 15잖아요.

> **※ 연산 학습의 핵심은 속도가 아니라 유연한 사고**
> 연산 학습이 중요한 것은 맞습니다. 그러나 많은 부모님들께서 연산 문제가 잔뜩 제시되어 있는 학습지를 풀게 하고, 그 중 몇 개 맞혔는지에만 관심을 가지는 경우가 많더라고요. 하나의 연산을 하기 위해 어떻게 생각했는지 아이에게 물어봐 주세요. 결과보다는 올바른 사고 과정에 초점을 맞추어 칭찬해 주세요. 아이는 부모님이 생각하지 못했던 다양한 방법으로 제시할 수 있거든요. 유연한 사고 능력은 수학 실력을 향상시키는 첫걸음이랍니다.

🏛 색종이로 만드는 세상

색종이 또한 도화지와 함께 늘 책상 한구석을 차지하고 있어요. 아이들만의 상상력을 원 없이 펼칠 수 있는 최고의 재료이지요. 종이 접기를 통해 소근육 발달과 함께 여러 도형에 대한 감각 및 대칭성을 익힐 수 있어요. 여기에 자동 스카치테이프 기계 하나만 사 주면 아이 둘이서 접고 붙이며 신나게 시간을 보낸답니다. 부채도 만들고, 나무도 만들고, 연필도 만들며 무궁무진 만들기 공장이 되지요.

😀 와, 예진아, 이거 뭐 접은 거야?

😄 나무를 접었어요.

😀 아, 그렇구나. 정말 나무네. 멋지다!

😀 여기는 기둥이고, 여기 위에는 나뭇잎들이야?

😀 어떻게 접었어? 엄마한테도 알려 줄래?

🎂 생일 축하 케이크 먹으며 만나는 수막대 모형

"예진아, 오늘 엄마 생일인데 뭐 해야 하지?"

"케이크 먹어요."

'엄마 생일 축하해요'라는 대답을 기대했던 엄마의 바람은 여지없이 무너집니다. 그래, 맛있는 케이크 먹는 행복한 날이면 됐지. 잿밥에 더 관심이 있기는 해도 초를 꽂고, 생일 축하 노래 부르고, 호~ 불어서 초를 끄는 일련의 과정들도 즐거워하는 아이들입니다. 그런데 초를 꽂을 땐 어떤 규칙이 있나요? 제 나이인 43을 나타내려면 긴 초 4개와 짧은 초 3개를 꽂아야 합니다. 초등학교 1학년에 들어가면 수막대교구를 가지고 자릿수 개념을 익히게 돼요. 물론 정확한 크기로 이루어진 수막대 도형과 다르긴 하지만 일의 자리, 십의 자리 단위 개념을 파악한다는 원리는 충분히 배울 수 있답니다.

엄마는 몇 살이지?

43살이요.

그래, 마흔세 살이야. 43. 그럼 이 긴 초를 몇 개 꽂아야 할까?

긴 거 네 개 너희가 직접 꽂아 봐. 짧은 초는 몇 개 꽂아야 돼?

세 개도 이렇게 꽂으면 10, 20, 30, 40, 41, 42, 43. 엄마 나이 43
이 되었네!

⛩ 맛있는 귤도 먹고, 나누기도 하고

당연히 꼭 귤일 필요는 없습니다.
아이가 좋아하는 다른 과일, 과자, 사
탕 등 하나씩 셀 수 있는 것은 무엇이
든 상관없어요. 맛있는 음식을 꺼내며
자연스럽게 수를 다루는 다양한 활동을 할 수 있습니다.

짜잔, 엄마가 귤을 몇 개 더 가지고 왔지?

하나, 둘, 셋, 넷. 네 개.

그럼, 아까 네 개에다 이 귤 네 개를 더하면 총 몇 개가 될까?

하나, 둘, 셋, 넷, 다섯, 여섯, 일곱, 여덟. 여덟 개.

아, 네 개에다 네 개를 더하니 여덟 개가 되었네. 그럼, 이 여덟
개의 귤을 우리 가족이 나누어 먹으면 각각 몇 개씩 먹을 수 있
을까?

👩 두 개씩.

👩 귤 여덟 개를 4명이 나누어 먹으니 두 개씩 먹을 수 있구나. 예진 이가 나누어 줄래?

👦 귤 여덟 개를 4명이 똑같이 나누는 것을 8 나누기 4라고 해. 그럼, 8 나누기 4는 뭐가 될까?

👦 2.

👦 오, 좋아. 그럼 엄마가 귤을 1개 더 가져왔어. 그럼, 총 몇 개가 되 었지?

👦 아홉 개.

👦 이제 아홉 개를 우리 가족 네 명이 나누어 먹으려면 어떻게 해야 할까?

👦 두 개씩 먹고, 한 개가 남네?

👩 두 개씩 먹을 수 있는 이 부분을 나눗셈에서 몫이라고 부르고, 한 개가 남는 부분을 나머지라고 불러. 그럼 9 나누기 4는 몫과 나머 지가 무엇이겠니?

👦 몫은 2, 나머지는 1!

🏛 수저통에 있는 수저가 다각형으로 변신하는 순간

저녁 식사를 기다리며 식탁에서 놀던 어느 날. 수저통에 들어 있 는 여러 숟가락, 젓가락, 심지어 국자 같은 각종 조리 도구들까지 마구 꺼내더니 세모, 네모 만들기 놀이를 하는 우진이입니다. 이 순간을 놓칠 수 없죠. 이참에 다각형 개념을 알아볼까요? 앞에서도 언급했듯이 아주 어릴 때를 제외하고는 세모, 네모 대신 삼각형, 사각형과 같이 도형 이름을 정확하게 불러 주는 게 좋다고 생각해요. 그리고 내친김에 일반화까지 시도해 봅니다. 사물의 규칙성을 찾고 일반화하는 활동은 수학 활동에서 핵심 중의 핵심이거든요.

오, 우진이가 세모 모양 만들었어? 세모는 숟가락 몇 개로 만들 수 있지?

세 개로 만들 수 있어서 삼, 삼각형이라고 말해.

여기서 이 숟가락 하나하나를 변이라고 부르거든, 그러면 삼각형은 변이 몇 개 있는 도형일까?

그러면 네모 모양 만들어 볼까? 이건 변이 몇 개지?

네 개면 뭐라고 이름을 붙여 주면 좋을까?

사각형이요!

오우, 잘했어. 그럼 이제 어려운 거~ 이 도형은 이름이 뭘까?

오각형이요!

그래? 왜 오각형이라고 생각했지?

하나, 둘, 셋, 넷, 다섯. 변이 다섯 개라서요.

아, 맞아. 그럼 육각형, 칠각형, 팔각형도 만들 수 있을까? 우진이가 한번 만들어 봐.

⛫ 퍼즐놀이하다 곱셈 원리 터득

우진이는 어릴 때부터 퍼즐놀이를 참 좋
아했어요. 크고 작은 여러 퍼즐놀이를 하다
어느 날은 퍼즐 조각 개수를 세어 보는 일에
도전해 봅니다. 하나하나 세지 않고, 덧셈을
압축한 곱셈 원리에 맞게 한 줄씩 세어 보는 거예요. 구구단 쉽게 외
우는 법에 현혹되지 마시고, 곱셈의 의미를 이해하면서 자연스럽게
기억할 수 있도록 유도해 주세요.

🙂 이 퍼즐은 총 몇 개의 조각들로 이루어져 있는지 세어 볼까? 첫 번
째 줄은 몇 개가 있어?

🙂 5개요.

🙂 두 번째 줄도 5개가 있으니, 두 번째 줄까지는 몇 개가 있지?

🙂 10개요.

🙂 5개가 두 줄이 있으니, 5를 두 번 더하면 10인데, 이걸 5 곱하기
2라고 해. 잠깐, 여기서 퀴즈! 5 곱하기 2는?

😊 10이요.

😊 좋아, 그럼 계속해 보자. 세 번째 줄까지 다 더하면 몇 개지?

😊 15개요.

😊 그럼 이걸 곱하기로 표현해 볼까?

😊 5 곱하기 3은 15.

😊 자, 이제 이 퍼즐에 조각들이 총 몇 개가 있는지 알아보자. 한 줄에 5개씩 있는데, 총 몇 줄이 있는지 세어 볼까?

😊 네 줄이 있으니까 5 더하기 5 더하기 5 더하기 5는? 즉, 5 곱하기 4는?

😊 20!

첫날은 이 정도 대화만 해도 충분합니다. 첫날부터 이 정도 수준까지 대화가 이루어지지 않을 수도 있고요. 중요한 것은 아이 속도에 맞게 자연스럽게 곱셈 원리가 스며들 수 있도록 여유를 가지며 진행하는 거예요. 퍼즐을 이용할 수도, 보도블록을 이용할 수도, 바둑판을 이용할 수도 있지요. 이런 대화를 주고받다가 어느 날 무심히 구구단 표를 벽에 붙여 둡니다. 곱셈에 흥미를 보이기 시작한 우진이는 오며 가며 어느 순간 구구단 표를 다 외우게 되더라고요.

04

환경만 제대로 설정해 두면 저절로 행동하게 돼

《아주 작은 습관의 힘》저자 찰스 두히그는 좋은 습관을 만들기 위한 방법으로 다음과 같은 제안을 합니다.

- 그림을 더 많이 그리고 싶은가? 연필, 볼펜, 노트, 그림 도구들을 책상 위, 손이 닿기 쉬운 곳에 두어라.
- 운동을 하고 싶은가? 운동복, 신발, 운동 가방, 물병을 미리 준비해 두어라.
- 다이어트에 속도를 내고 싶은가? 주말에 과일과 채소를 잘라서 용기에 소분해 두면 주중에 쉽게 과일과 채소를 먹을 수 있다.

저는 여기에 한 가지 문장을 더하고 싶습니다.

'아이에게 수학 관련 활동을 더 많이 하게 하고 싶은가? 학습지, 연필, 퍼즐집, 보드게임 등 수학 활동을 하기 위한 도구들을 손이 닿기 쉬운 곳에 두어라.'

각종 연구 결과들을 제시하지 않더라도 '시각'이 우리 관심을 불러일으키는 가장 훌륭한 감각이라는 것, 아이들이 눈앞에 바로 보이는 것에 자연스럽게 관심을 가지게 된다는 것은 너무나 당연한 이치입니다. 수학이 자연스럽게 아이들 시간과 공간 안에 들어올 수 있도록 문을 활짝 열어 주세요.

🏛 모형 시계가 아닌 진짜 아날로그 벽시계

초등학교 1학년 2학기에 처음 나오는 아날로그 시계 읽기는 사실 굉장한 수학적 사고를 요하는 활동입니다. 시침과 분침 개념을 이해하고 수를 5의 배수 단위로 읽어야 하죠. 게다가 자연스럽게 해온 10진법 수 세기에서 12진법, 60진법 같은 방식의 수 세기를 하라니, 그야말로 아이 입장에서는 대혼란에 빠질 수밖에 없습니다.

그래서 시계를 읽기 위한 많은 교구나 장난감들이 있습니다. 그러나 아이들도 그건 모형일 뿐이라는 사실을 너무나도 잘 알고 있지요. 장난감 대신 진짜 시계를 거실에서 제일 잘 보이는 곳에 걸어 둡니다. 아이가 일상생활에서 자연스럽게 터득하며 가족에게 스스로 현재 시각을 알려 줄 수 있다는 성취감을 느끼도록 도와주세요. 단, 예쁜 시계 말고 가장 단순하면서도 1부터 12까지 수가 모두 잘 적혀 있는 시계여야 합니다. 시계를 읽을 줄 알게 되면 규칙적인 습관 형성에도 큰 도움이 됩니다.

처음엔 시계가 정시를 가리키고 있을 때 주로 질문해 봅니다.

> 🧑 지금이 몇 시일까?
> 🧑 시계에는 큰 바늘과 작은 바늘이 있는데, 큰 바늘이 12를 가리키고 작은 바늘이 4에 있을 때, 4시라고 말해.
> 🧑 어? 지금은 작은 바늘이 7에 있고 큰 바늘이 12에 있네? 지금은 몇 시일까?

시간이 지나 시계를 읽을 수 있게 되면, 수시로 몇 시인지 물어보거나 시각을 읽는 다양한 표현까지 곁들여 보세요.

> 🧑 우진아, 지금 몇 시니?
> 🧒 11시 46분이요.
> 🧑 12시가 되려면 몇 분 남았지?
> 🧒 14분 남았어요.
> 🧑 맞아, 그래서 11시 46분이라고 말해도 되고, 12시 14분 전이라고

말해도 돼.

12시를 기준으로 12시 이전은 오전, 12시 이후는 오후라고 말해.
그러고 보니 이제 곧 점심 먹을 시간이구나~

🏛 탁상 달력이 내 눈높이에 있어

시계와 더불어 달력은 수학적 감각을 일깨우는 데 아주 훌륭한 교재입니다. 일 년은 12달, 한 달은 30일 또는 31일, 그런데 2월은 28일, 4의 배수에 해당되는 해마다는 29일, 한 주는 7일, 가로 방향으로는 1씩 커지고, 세로 방향으로는 7씩 커지는 규칙 발견, 우리 가족의 생일이나 기념일 표시, 공휴일 기억하기 등 달력을 매개로 나눌 수 있는 수학적 대화는 무궁무진하지요. 찐남매네는 탁상 달력이 식탁 옆에 놓여 있어 언제든 수시로 달력을 보거나 만질 수 있답니다.

우리 가족 생일을 달력에 다 표시해 놓을까?

오늘이 몇 월 며칠, 무슨 요일이지?

우진이 생일이 되려면 며칠 남았지?

같은 날짜라면 매년 요일이 하나씩 뒤로 밀려. 예를 들어 2022년 12월 25일 크리스마스가 월요일이었네. 그럼 2023년 크리스마스는 무슨 요일일까?

🏛 오래된 계산기는 훌륭한 장난감

계산기, MP3, 전자사전 등 스마트폰에 밀려 서랍장 한 귀퉁이를 차지하고 있던 엄마, 아빠의 골동품들이 빛을 발할 차례입니다. 특히 계산기는 아이들에게 계산 결과가 짠~ 하고 나오는 신기한 기계이지요. 계산기를 사용할 수 있다는 것은 기본적인 수학 기호의 규칙을 이해하고 활용하는 능력이 있다는 의미입니다. 계산기를 가지고 스스로 문제를 만들어 보고, 결과를 확인하는 활동을 해볼까요?

- 👦 더하기, 빼기, 곱하기, 나누기, 등호 기호를 찾아볼까?
- 👦 4 더하기 6을 하려면 어떻게 눌러야 할까?
- 👦 처음부터 하고 싶으면 여기 AC 버튼을 눌러 봐.
- 👩 여기 괄호 기호도 있네. 먼저 계산하고 싶은 식에는 괄호를 이용하면 좋아.

🏛 손만 뻗으면 만질 수 있는 다양한 학습 도구 및 자료들

찐남매네 식탁 한켠, 혹은 책상 한켠에는 늘 도화지, 색종이, 색연필, 연필과 지우개를 비롯해서 각종 학습지, 퍼즐책, 보드게임 등이 놓여 있어요. 언제든지 눈에 보이고, 손만 뻗으면 꺼낼 수 있도록 하기 위해서입니다. 남매가 나란히 앉아서 종이접기를 하거나 도화지에 그림을 그리거나 학습지를 하는 모습을 보는 것만으로도 저절로 미소 짓게 되는 게 부모 마음이지요. 깔끔한 집도 좋지만, 깔끔함을 유지하기 위해 정작 중요한 것을 놓치지는 않는지 살펴 주세요.

- 우리 이 학습지 해볼까?
- 오랜만에 스도쿠 퍼즐 어때? 저번에 몇 번까지 했지?
- 오늘은 우리 아이들이 무엇을 만들까?

🏛 자와 저울, 측정할 수 있는 도구들 다 나와라

길이, 넓이, 부피, 무게, 들이 등 다양한 측정 방법 및 각 측정 단위를 이해하는 것 역시 초등학교 시절 학습하는 중요한 수학 개념 중 하나입니다. 그런데 이런 것들 이야말로 우리가 일상생활에서 늘 자연스럽게 접하게 되지요. 우유 가 200ml 있네, 키가 97cm구나, 몸무게가 18kg이 되었네 등과 같이요. 과일이나 야채를 사면서 무게 단위를 익힐 수도 있고요. 수산물을 사랑하는 우진이는 시장에 가서 대게 무게를 저울에 다는 모습을 보더니 큰 호기심을 나타내더라고요. 그래서 아주 오래전, 요리용으로 구입했던 저울 하나를 슬그머니 꺼내 놓습니다. 눈금을 읽는 연습을 하려면 디지털 저울보다는 아날로그 저울이 좋아요. 아이와 함께 요리하면서 재료들 무게를 저울로 재거나 용량을 계량컵으로 재 보는 것도 즐거운 경험이겠죠? 그밖에 자, 삼각자, 줄자 같은 도구들도 멋진 수학 놀잇감으로 변신할 수 있답니다.

와, 엄마, 이렇게 올려 두니까 저울이 한 바퀴 넘게 돌았어요.

오, 그러네? 그럼 무게가 얼마라는 걸까?

한 바퀴가 2000이라고 적혀 있으니까 2300그램이요.

맞아. 그런데 1000g이 1kg과 같거든. 그래서 2300그램이라고 말해도 되고, 2.3킬로그램이라고 말해도 돼.

05

폭발하는 호기심, 자기주도성 원 없이 펼쳐 봐

'의무적으로 하는 운동은 몸에 해가 되지 않는다. 그러나 강제로 습득한 지식은 마음에 남지 않는다.'

고대 그리스 철학자 플라톤(BC 427~BC 347)이 남긴 명언입니다. 특히 유아기는 누구나 호기심이 폭발하며 '내가' 하고 싶은 욕구가 강한 시기이죠. 세상에 대해 하나하나 알아 가며 스스로 느껴 보는 성취감은 인생을 주체적으로 살아가는 데 훌륭한 밑거름이 됩니다. 평범하고도 사소한 일상이 이어지는 어른과 달리, 아이의 눈으로 마주한 세상은 얼마나 다양하고 멋질까요?

🏛 수건 개기는 내가 할 거야

아이들이 어릴 때부터 집안 구성원 중 한 사람으로서 역할을 부여받고 책임감을 가지는 가장 좋은 방법은 집안일을 함께하는 것이죠. 의외로 아이들이 할 수 있는 집안일이 참 많아요. 주로 건조기에서 꺼낸 빨랫감을 거실로 옮길 때, 수건 개기를 할 때 찐남매들에게 도와달라고 부탁하는데요, 아이들은 신이 나서 너도 나도 달려옵니다. 아이들 덕분에 큰 도움이 되었다는 감사의 인사도 잊지 않고요. 특히 빨랫감을 종류별로 개는 활동은 같은 것과 다른 것을 분류하는 수학 활동의 첫걸음이에요.

👩 얘들아, 엄마가 건조기에서 꺼낸 빨랫감들 좀 거실로 옮겨 줄래?

👦,👧 네!

👩 여기에 수건들이랑 우진이, 예진이 옷들이 섞여 있네. 너희가 따로따로 모아 줄래?

👦 그럼, 이제 수건은 너희가 개 줘.

👦 예진아, 오빠가 큰 수건 갤 테니 너는 작은 수건 개.

👩 와, 차근차근 잘 개는구나. 고마워, 너희들 덕분에 엄마가 큰 도움이 되었어.

오빠와 동생이 역할을 분담하여 우진이는 집에서 쓰는 수건을, 예진이는 어린이집에 가져갈 작은 수건을 차곡차곡 개는 일요일 오전 풍경이지요. 조금 삐뚤빼뚤해서 마음에 안 든다고 절대 부모님이 다시 개면 안 돼요. 그건 아이들이 실수를 두려워하고 자기주도 능력을 잃어버리게 하는 지름길이랍니다.

🏛 아이의 기억력은 엄마보다 좋으니까

대부분의 부모님들이 인정하실 겁니다. 우리 아이 기억력은 나보다 좋다! 세상의 모든 것을 흡수할 준비가 되어 있는 아이들의 기억력은 종종 깜짝 놀랄 정도로 뛰어납니다. 바로 이런 아이의 기억력을 인정해 주는 최고의 방법은 아이들 도움을 받는 거예요. 늘 자신보다 많은 것을 알고 있는 부모님에게 내가 도움을 줄 수 있다니, 이보다 더 뿌듯한 일이 또 있을까요? 부모님이 잊기 쉬운 것들을 아이에게 부탁해 보세요. 저는 보통 지하주차장에 주차된 차의 위치를 기억해 달라고 부탁한답니다.

😊 우진이가 우리 차가 주차되어 있는 번호를 기억해 줄래?

😊 B47.

😊 잘 기억해 두었다가 이따 집에 갈 때 알려 줘.

😊 참, 우리 몇 층에 주차한 거지? 몇 층인지도 우진이가 기억해 줘.

🏛 우리집 우편물은 내가 책임진다

아파트 현관을 들어서면 제일 먼저 눈에 띄는 것. 바로 우편함입니다. 모든 호수의 우편함이 한꺼번에 다 있고, 그 위에 각각의 호수가 적혀 있죠. 우리집 우편함이 어디 있는지 아이와 함께 확인해 보고, 아이에게 우리집 우편물이 보이면 꺼내 달라고 부탁해 놓습니다. 우편물이 보일 때마다 어찌나 신나 하는지요. 우편물에 적힌 이름을 보고 엄마꺼, 아빠꺼 분류도 척척이지요. 가끔 잘못된 우편물이 있으면 다시 돌려놓기도 하고요.

👩 우리집이 몇 호였더라, 우리집 우편함은 어디 있지?

👩 그래, 여기 손이 닿아? 그럼, 이제부터 여기 편지가 있으면 우진이가 꺼내와 주는 거야.

👦 엄마, 여기요. 조은수. 엄마한테 온 편지예요.

🏛 외식하고 계산은 네가 하렴

요즈음에는 식당에 가면 스마트폰 영상만 보고 있는 아이들이 많아 안타깝습니다. 찐남매네는 바깥에서 절대로 스마트폰을 보여 주지 않아요. 아이와 함께 외식하는 시간은, 가족이 함께 대화하며 맛있는 식사를 하는 시간이니까요. 음식을 주문하고 기다리면서, 식당의 음식 메뉴판을 수학 놀이 할 수 있는 최고의 교재로 변신시켜 봅니다. 그리고 음식 비용 계산은 아이에게 맡겨 주세요.

🧑 우리 뭐 주문할까?

👦 우동이요.

🧑 그래, 우동 1개, 돈까스 1개, 볶음밥 1개 주문하자. 그럼 총 얼마를 내야 하지? 각각 얼마라고 적혀 있어?

👦 우동 8000원, 돈까스 13000원, 볶음밥 11000원이요.

🧑 3가지 음식값을 다 더하면 되겠네. 총 얼마야?

👦 32000원이요.

🧑 응, 32000원 내면 되겠다. 계산해 줘서 고마워!

🏛 햄버거젤리는 네가 직접 사 먹어

여섯 살이 된 우진이가 '나는 설날이 제일 좋아'라고 말합니다. 그 이유를 물어보니 세뱃돈을 받아서라네요. 이 녀석이 이제 돈맛을 알아 갑니다, 하하. 아이가 받은 세뱃돈이나 용돈은 이제 아이의 전용 지갑에 고스란히 넣어 줍니다. 그리고 아이는 총 얼마가 들어 있는지 수시로 확인하죠. 이제 보드게임하며 익힌 계산 연습을 실전에서 활용할 차례입니다. 하나에 400원씩 하는 햄버거젤리를 사러 편의점에 가서는 꼬깃꼬깃 돈을 내고 거스름돈도 야무지게 받아 옵니다.

😊 우진아, 햄버거젤리 먹고 싶으면 네 돈으로 사 먹어. 몇 개 살 거야?

😊 우진이 한 개, 예진이 한 개, 엄마 한 개, 아빠 한 개. 네 개요.

😊 오, 엄마 아빠 것도 사 줄 거야? 고마워. 햄버거젤리 하나에 400원

이니까 네 개 사면 얼마 내야 해?

😊 1600원이요. 어, 1600원이 없네? 1000원짜리 두 개 2000원 내

야 해요.

😊 2000원 내면 얼마 거슬러 받아야 하는데?

😊 400원이요.

😊 그래. 자, 그럼 이제 편의점 가서 직접 사 보자!

🏛 약은 내가 만들 거야

아이들에게 가장 익숙하고 자연스러운 측정 상황이 있지요. 바로 약을 제조할 때입니다. 많은 아이들이 그렇듯 찐남매들도 마르고 닳도록 소아과 문턱을 드나들었는데요, 요즈음엔 약이 맛있게 나와서 먹이기 편해 그나마 다행입니다. 보통 A약 4ml, B약 3.5ml와 같이 처방된 약들을 빈 약통에 섞어서 먹이게 되는데, 이때가 아이들과 눈금 읽으며 들이 개념을 익힐 수 있는 절호의 기회랍니다. 이때도 어김없이 "내가 만들래요!"가 등장하지요. 아이들이 직접 약을 만들어 보게 하면서 ml라는 들이 단위를 익히며 개념을 확장해 보세요.

😊 이 약들은 각각 몇 ml 먹어야 한다고 쓰여 있지?

😄 4ml, 3.5ml요.

😊 그럼, 먼저 4ml짜리 약을 빈 약통에 조심조심 넣어 봐. 눈금을 보니 어디까지 넣어야 할까?

😄 여기까지요.

😊 이 약을 4ml 넣었으니, 3.5ml 넣어야 하는 약은 눈금에서 어디까지 넣어야 할까?

😄 7.5ml요.

😊 오, 맞아. 왜 그렇게 생각했어?

😄 4에다가 3.5를 더하면 7.5니까요.

😊 그래, 그런데 7.5 눈금 표시는 없네? 어떻게 해야 할까? 7.5는 7과 8의 중간을 의미해. 그러니까 여기 눈금도 중간까지 넣으면 돼. 이건 어려우니 엄마가 도와줄게.

🏛 학습지 공부는 즐거워

3~4세 시기의 아이들은 학습지 활동을 참 좋아해요. 알록달록 학습지에 줄긋기도 하고, 미로 찾기도 하고, 짝짓기도 하며 즐거운 시간을 보냅니다. 저는 아이에게 '이건 공부가 아니라 노는 거야'라는 표현 대신 '이건 공부하는 거야. 공부가 정말 재밌다 그치?'라고 말해 줍니다. 전자 표현에서는 공부

가 놀이와 반대된다는 이미지가 있어, 공부란 자칫 재미없고 지루한 것이라는 인식을 줄 우려가 있기 때문이에요. 새로운 것을 배워 나간 다는 것, 공부하는 과정 그 자체가 즐거운 일 아닐까요?

또, 학습지 사 주는 것을 마치 과자 사 주듯이 생색도 냅니다. '이 학습지 매일 한 장씩 풀어야 돼'가 아닌, '이거 다 끝내면 다른 거 사 줄 수 있어'라고 말이죠. 그리고 진짜 다 끝내면 서점에 가서 함께 다 른 학습지를 골라 봅니다. 때로는 칭찬스티커를 이용해서 내적, 외적 동기를 유발시키기도 하고요. 핵심은 아이가 즐거움을 느끼며 스스 로 하게끔 하는 것임을 잊지 마세요.

> 🧒 거의 다 풀어 가네? 이거 A단계 다 풀면 엄마가 B단계 사 줄게.
> 🧒 우리 무슨 공부 해볼까? 오, 이거 재미있어 보이는데?
> 🧒 이거 두 장씩 풀 때마다 스티커 한 개 붙이기 할까?

※ 좋은 학습지를 추천해 달라고요?
가장 좋은 학습지는 아이가 좋아하는 학습지입니다. 수많은 학습지가 있지만 사 실 거의 비슷한 구성이에요. 특정 나이에 해야 하는 필수 학습지? 필수 문제집? 그런 거 없습니다. 내 아이가 가장 흥미를 보이고 내 아이에게 가장 도움이 된다면 그게 바로 최고의 학습지이지요. 아이와 함께 서점에 가서 직접 아이가 원하는 학 습지를 골라 보세요. 내가 좋아하는 토끼 그림이 있어서? 디자인이 예뻐서? 어떤 이유든 좋아요. 아이가 더욱더 애정을 가지고 학습지 활동을 하게 된답니다. 다 만, 반복적인 연산 학습이 아닌 사고력 활동이 가능한 학습지 위주로 선택하세요.

🏛 규칙 변형은 창의력 발산의 시작

퍼즐놀이를 하든, 스티커 붙이기를 하든, 보드게임을 하든 부모님이 보기에 아이들 방식은 서툴기 짝이 없습니다. 삐뚤빼뚤 선도 안 맞고요. 그럴 때마다 아이가 잘했으면 하는 마음에 자꾸 고쳐 주고 싶은 것은 당연합니다. 그 당연한 마음을 한번 참아 보세요. 맞고 틀리다 같은 이분법적 결과가 아닌, 아이가 스스로 하는 과정 그 자체에 주목해 주세요. 나름대로 고군분투하며 애쓰고 있는 아이 모습이 보이실 거예요. 칸 안에 정확히 안 붙이면 어때요? 게임하다 규칙을 좀 바꾸면 어때요? 그러다가 생각지도 못한 결과물에 아이와 함께 까르르 웃게 되는 그 순간이, 아이에게 더 소중하지 않을까요?

 엥? 이게 뭐야? 이 퍼즐이 왜 여기 있어?

 헤헤, 여기가 맞아요.

 아, 그렇구나. 이렇게 하니 새로운 모양이 되었는데?

Chapter 2

실전! 보드게임으로 놀면서 수학하자

"자녀와 보드게임을 하는 것은 부모와 자녀가 함께 시간을 보내는 가장 완벽한 방법이다. 동시에 학습능력도 훈련시킬 수 있다."

- 앨빈 로젠필드(하버드대 아동심리학 교수)

많은 사람들이 보드게임의 교육적 효과를 이야기합니다. 보드게임은 학습적인 측면뿐 아니라, 사회성 발달이나 의사소통능력 향상에도 큰 도움이 되지요. 저 또한 제 아이들과 실제로 보드게임을 즐기면서 보드게임의 놀라운 효과를 직접 체험하게 되었습니다. 여기서는 특히 수학적 효과에 대해서만 이야기해 볼게요.

〈셈셈시리즈〉, 〈로보77〉, 〈브레드마블〉을 통해서는 수 세기와 10 만들기, 사칙연산 등 다양한 수에 대한 감각을 익히고, 생각하는 연산 연습을 많이 할 수 있었습니다. 〈우봉고〉, 〈코잉스〉, 〈블로커스〉를 통해 다양한 도형들을 직접 만지며 능숙하게 다루게 되었고, 〈픽미업 허니비〉, 〈세트(SET)〉를 통해 공통 속성을 파악하며 분류하고 조합하는 능력을 길렀지요. 〈다빈치코드〉, 〈스플렌더〉로 논리적 사고, 전략적 사고 능력도 발달시켰습니다.

인지발달심리학자인 레프 비고츠키(Lev Vygotsky, 1896~1934)는 모든 아동이 부모와 친구, 교사와의 상호작용을 통해 많은 것을 배운다는 사실에 주목하고, 이러한 사회관계 속에서 인지발달이 이루어진다고 했습니다. 또, 혼자서 문제를 해결할 수는 없지만, 성인의 안내를 받거나 친구와 협동하면 성공적으로 문제를 해결할 수 있는 근접발달영역(zone of proximal development, ZPD)이 있기에 아이들의 잠재적 발달 수준을 높이기 위해서는 유능한 타인의 도움이 필요하다고 했습니다. 어린아이들에게는 부모님과 선생님이 그런 역할을 해 줄 수 있겠죠. 보드게임은 부모님과 아이들의 활발한 상호작용을 도와줄 수 있는 매우 훌륭한 매개체입니다.

이번 장에서는 수학적 사고력을 발달시키는 데 효과적인 보드게임들을 소개하고, 이를 깊이 있게 활용하는 방법을 담았습니다. 각 보드게임에 담긴 수학적 의미를 이해하고 적용하면서 아이들에게 생각하는 즐거움, 몰입하는 기쁨을 일깨워 주고자 하는 부모님들께 큰 도움이 되길 바라면서요. 모두 제가 직접 아이들과 즐기며 경험해 본 보드게임들입니다. 한두 번이 아니라 상자가 너덜너덜해질 때까지 해본 것들이지요. 많은 아이들이 놀면서, 배우면서 쑥쑥 성장하기를 기대합니다.

📖 활용팁

1   각 보드게임마다 제시한 추천 연령은 참고사항일 뿐, 크게 중요
하지 않습니다. 우리 아이의 수준이나 관심에 따라 선택하거나,
적절히 변형해서 즐겨 보세요.

2   보드게임 설명서가 아니기 때문에 규칙 설명은 간단하게 다루었
습니다. 실제 아이들과 보드게임을 해보며 다양한 질문을 통해
깊은 생각을 유도할 수 있는 팁을 얻어 보세요.

3   보드게임을 소개한 순서도 중요하지 않습니다. 쭉 훑어 보시고,
우리 아이에게 흥미와 호기심을 불러일으킬 만한 보드게임을 먼
저 해보세요. '보드게임은 재미있어'라는 생각이 들도록 하는 것
이 무엇보다 먼저입니다.

태어나서 보드게임은 처음이에요

우리 아이와 처음으로 보드게임을 해보고 싶은데, 무엇을 사야 할까요? 3, 4세 아이들도 쉽고 재밌게 할 수 있는 보드게임이 의외로 많이 있습니다. 〈텀블링 몽키〉, 〈펭귄 얼음깨기〉, 〈루핑루이〉 등 특별한 지식을 가지고 있지 않아도 재미있게 즐길 수 있는 게임들도 있는데요. 여기서는 수학의 가장 기초 개념이라고 할 수 있는 색깔 인식, 패턴 파악, 간단한 수 세기 등이 가능한 보드게임, 관찰력과 기억력만 가지고도 충분히 즐길 수 있는 보드게임들을 소개합니다.

알록달록 뱀을 만들자!
여러 가지 색들을
분류하며 연결하는

서펜티나

🔍 게임 시간 5~15분

🔍 추천 연령 3~7세

🔍 게임 효과 색 패턴 인식 / 많다, 길다 개념 / 간단한 수 세기

🔍 주요 구성품 뱀 카드 50장(머리, 몸통, 꼬리)

　　색을 구분할 수 있는 아이라면 누구나 함께할 수 있는 재미있고
간단한 보드게임 〈서펜티나〉입니다. 크기도 작고 가벼워 휴대하기
도 좋고요. 같은 색 카드는 연결하고, 다른 색 카드는 연결할 수 없다
는 간단한 규칙으로 알록달록 뱀을 길게 만들 수 있어 아이들이 참
좋아해요. 특히 아무 색에나 연결할 수 있는 무지개 머리와 무지개
꼬리 카드가 인기 만점인데요, 예진이에게도 사랑을 듬뿍 받고 있답
니다.

게임 방법

1 카드를 바닥에 펼치고, 한 장을 뽑아 앞면이 보이게 바닥에 놓습니다.

CHECK 각 카드는 뱀의 머리, 꼬리, 두 가지 색으로 이루어진 몸통 중 하나의 그림이 그려져 있어요.

2 차례대로 더미에서 카드를 한 장 뽑아 바닥에 놓인 카드와 같은 색으로 연결합니다.

CHECK 연결되는 카드가 없다면 따로 떨어뜨려 놓아요. 무지개 카드는 아무데나 연결할 수 있어요.

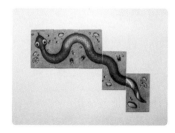

3 자신의 차례에 머리와 꼬리가 있는 뱀을 완성하면 그 카드 전체를 가져옵니다.

CHECK 더 이상 뽑을 카드가 없으면 게임이 끝나고, 가장 많은 카드를 가진 사람이 승리해요.

더 째미있게 즐기자

❶ 무지개 카드

〈서펜티나〉에는 특별한 카드로 무지개 색의 뱀 머리, 뱀 꼬리 카드가 한 장씩 들어 있어요. 어떤 색에도 이어 붙일 수 있는 조커 카드인 셈이지요. 아이들은 알록달록 무지개라는 사실만으로도 엄청 좋아하더라고요.

❷ 알록달록 뱀 만들기

아직 보드게임에 익숙하지 않은 아이라면 굳이 게임 형태가 아니더라도 장난감처럼 활용해 보세요. 색을 맞추며 알록달록 긴 뱀을 만들면서 즐거운 시간을 보낼 수 있답니다.

수학적 효과를 Up시키는 게임 진행 발문 Tip

❶ 간단한 수 세기

∘ 우리, 카드를 몇 장씩 가지고 있는지 세어 볼까?

게임이 끝난 후, 각자 가지고 있는 카드 개수가 많은 사람이 승리하는 게임이므로, 함께 수 세기 활동을 해볼 수 있습니다. 아직 10이 넘는 수를 세지 못하는 아이라면 일대일대응 개념으로 접근해도 좋습니다. 엄마 카드 하나, 아이 카드 하나씩 짝짓기하다가 남은 카드가 생기는 쪽이 이기는 것이죠.

❷ 많다/길다 개념, 패턴 파악

∘ 가지고 있는 카드로 가장 긴 뱀을 만들어 볼까?

만일 같은 개수를 가져와서 승패를 가릴 수 없다면 뱀을 가장 길게 연결하는 사람으로 승자를 정하게 됩니다. 이 점을 활용해서 누가 누가 긴 뱀을 만들 수 있을까 활동을 해보세요. 주어진 카드로 가장 긴 뱀을 만들기 위해 노력하는 과정에서 카드 패턴을 파악하며 많은 생각의 힘을 기를 수 있습니다.

1, 2, 3만 알면 돼!
온 가족 함께 즐기는

당근질주
토끼운동회

🔍 게임 시간 **5~15분**

🔍 추천 연령 **3~7세**

🔍 게임 효과 **수의 기초 1, 2, 3 / 패턴 파악**

🔍 주요 구성품 **게임판, 카드 24장, 토끼 16마리**

    토끼 사랑이 지극한 예진이는 토끼라는 말만 들어도 깡충깡충 뛰며 온몸으로 즐거움을 표현합니다. 늘 가지고 다니는 토끼 인형은 물론, 진짜 토끼를 만나고 토끼에게 먹이를 주는 일도 참 좋아해요. 토끼가 그려진 옷, 장난감에 이어 토끼를 소재로 한 보드게임인 〈당근 질주 토끼 운동회〉는 그런 예진이에게 안성맞춤이지요. 1, 2 ,3만 셀 줄 알면 누구나 가능하면서도 반전 매력이 있는 〈당근 질주 토끼 운동회〉 보드게임으로 온 가족이 함께 모여 화기애애한 시간을 보내시면 어떨까요?

게임 방법

1 각자 토끼 색을 고르고, 카드는 뒷면이 보이게 하여 쌓아 둡니다.

CHECK 카드에는 한 칸, 두 칸, 세 칸 이동하기 및 당근 돌리기가 있어요.

2 차례대로 카드를 뒤집어 해당 미션을 수행합니다. 다른 토끼가 있는 칸은 건너뛰며, 건너뛰는 칸은 세지 않습니다.

CHECK 도착 지점에 구멍이 있다면 풍덩 빠져버리니 다른 토끼로 이동해 주세요.

3 당근 돌리기 카드가 나오면 가운데 당근을 시계 방향으로 돌려요. 이때 구멍 위치가 바뀌어 언제라도 빠질 수 있습니다.

CHECK 네 개의 말 중 하나가 구멍에 빠지지 않고 당근까지 제일 먼저 도착하면 승리해요.

더 재미있게 즐기자

❶ 온 가족이 함께

〈당근 질주 토끼 운동회〉는 여러 사람이 함께하면 그만큼 구멍에 빠지는 경우가 많아져 더 재미있게 즐길 수 있어요. 이왕이면 가족이 다함께 모여 구멍에 빠질 때마다 크게 탄식을 내뱉으며 신나게 놀아

보세요. 리액션을 크게 하면 더 재미있답니다.

❷ 반전 매력 즐기기

반전이 있는 〈당근 질주 토끼 운동회〉 게임에서는 앞서가던 토끼가 구멍에 풍덩 빠져서 언제나 대역전이 일어날 수 있는 묘미가 있지요. 예진이는 자신의 토끼가 빠지면 슬퍼하면서 규칙을 어기기도 하는데, 이런 과정을 거치며 규칙이 존재하는 게임 특성에 대한 이해의 폭을 점차 넓힐 수 있을 거라 생각해요.

수학적 효과를 Up시키는 게임 진행 발문 Tip

❶ 패턴 파악

∘ 이 다음에 당근을 돌리면 어디에 구멍이 생길까?

가운데에 있는 당근을 잡고 돌릴 때마다 구멍이 하나 또는 두 개가 생기는데요, 이미 뚫려 있는 곳을 지나가면서 막았다 열었다 하는 것이기 때문에 일정한 패턴대로 움직이는 규칙을 발견할 수 있습니다. 실제로 10종류의 구멍이 생기며 10회마다 반복되지요. 게임을 여러 번 진행하면서 다음 구멍은 어디에 생길지 아이와 함께 추측해 보는 대화를 나누어 보세요. 자연스럽게 패턴과 규칙을 인식하게 됩니다.

❷ 전략적 사고

∘ 말을 어떻게 사용하는 게 좋을까?

하나의 말만으로 열심히 달리다가 구멍에 퐁당 빠지면, 그때서야 두 번째 말을 출발시키는 방법도 있고요. 아니면 여러 말을 동시에 출발시켜 놓고, 매 순간 가장 빨리 갈 수 있는 말이나 구멍에 빠지지 않는 말을 움직이는 방법도 있습니다. 게임을 진행해 보니, 양쪽 다 장단점이 있기 때문에 말을 잘 사용하는 최선의 방법은 딱히 없는 것 같아요. 그때그때 상황에 따라 스스로 판단을 해야 하지요. 느낌대로 하든, 나름의 논리를 펼치든 스스로 판단하고 선택하는 과정을 배울 수 있습니다.

기억력은 누구보다
아이들이 최고,
메모리 게임의 대표주자

치킨차차

🔍 게임 시간 **5~15분**

🔍 추천 연령 **3~7세**

🔍 게임 효과 **기억력 / 색, 모양 인식 / 간단한 수 세기와 위치 파악**

🔍 주요 구성품 **치킨 말, 꽁지 각 4개, 달걀 모양과 팔각형 모양 타일 총 36개**

〈치킨차차〉는 찐남매들에게 보드게임의 재미를 느끼게 해 준 보드게임입니다. 우진이, 예진이 둘 다 두 돌에서 세 돌 사이에 가장 신나게 즐겼지요. 메모리 게임은 종류가 참 많은데 그 중에서도 〈치킨차차〉는 어린아이들 취향에 딱 맞게 아주 귀엽고 선명한 그림 타일과 앙증맞은 꼬꼬닭 게임말을 이용하는 거라 아이들이 참 좋아해요. 어른들이 일부러 져 주지 않아도 아이들이 이길 때가 많아서 놀라운 아이들의 기억력에 늘 감탄하곤 합니다. 아이들도 자신이 잘하면 잘할수록 신이 나서 게임에 집중하고요. 기억력은 연습하면 할수록 향상된다고 하지요. 재미있게 보드게임 즐기는 사이에 우리 아이들 기억력도 쑥쑥 올려 볼까요?

게임 방법

1 팔각형 모양 타일은 뒷면이 보이도록 배열하고, 그 주위에 달걀 모양 타일을 앞면이 보이도록 둥글게 펼쳐 놓은 후, 치킨 말을 같은 거리에 놓습니다.

CHECK 팔각형 모양 타일 하나와 달걀 모양 타일 두 개에 같은 그림이 그려져 있어요.

2 가운데 팔각형 모양의 타일을 뒤집어 자신 앞에 있는 달걀 모양 타일 그림과 일치하면 한 칸 앞으로 이동합니다.

CHECK 일치하는 그림을 찾으면 계속 시도할 수 있으며, 다른 그림을 뒤집으면 멈춰요.

3 다른 플레이어의 치킨 말을 넘어가게 되면 꽁지를 빼앗아 자신의 치킨 말에 끼웁니다.

CHECK 모든 플레이어의 꽁지를 뺏는 사람이 승리해요.

더 재미있게 즐기자

❶ 그림에 이름 붙이기

〈치킨차차〉의 타일에는 도리스 마테우스라는 화가가 그린 예쁜 색감의 귀여운 그림들 12종류가 그려져 있어요. 이 그림들 하나하나에 아이와 함께 멋진 이름을 붙여 보세요. 자신의 치킨 말 앞에 있는 그림 이름을 말하며 어디 있을까 찾아볼 수 있답니다.

❷ 수학 첫걸음 떼기

메모리 게임인 만큼 어린아이들의 첫 보드게임으로 선택하기 좋아요. 만일 세 돌 미만의 아이들과 즐긴다면 꼬꼬닭 게임말의 색, 다양한 그림들의 모양 알아보기, 칸 수 세기, 개수 세기 등 수학적 감각을 일깨우는 다양한 활동들을 함께 해볼 수 있습니다.

수학적 효과를 Up시키는 게임 진행 발문 Tip

❶ 간단한 수 세기

◦ **엄마 말을 따라잡으려면 몇 칸이 남았을까?**

내 앞의 그림과 같은 그림을 팔각형 모양 타일에서 찾을 때마다 한 칸씩 전진할 수 있습니다. 엄마 말에 근접해 갈 때 엄마 말을 따라잡으려면 몇 칸이 남았는지 질문해 보세요. 아이는 손으로 하나하나 짚어 가며 몇 칸이 남았는지 세어 보게 될 거예요. 기억력 게임이지만, 덤으로 수 세기 연습도 가능하지요.

❷ 서수 및 위치 개념

◦ **이 그림이 몇 째줄, 몇 번째에 있었더라?**

가운데 팔각형 모양의 타일은 보통 직사각형 모양으로 배열합니다. 12개 타일로 이루어져 있으므로 4×3 모양이 적당하죠. 첫째 줄, 둘째 줄, 셋째 줄, 그리고 첫 번째, 두 번째, 세 번째, 네 번째와 같은 표현으로 대화할 수 있어요. 수의 양이 아닌 순서를 나타내는 서수 개념을 획득할 수 있을 뿐 아니라, 위치를 파악하는 기본 개념을 구성할 수 있습니다. 이러한 위치 파악 방식은 중학교에서 좌표 평면 개념으로 발전하여 정리됩니다.

한 걸 음 ─ 더 **곱셈 개념의 기초**

∘ **한 줄에 4개씩 나열하면 총 몇 줄을 만들 수 있을까?**

위와 같이 4×3 모양으로 배열한 후, 타일이 총 몇 개인지 아이와 함께 세어 보세요. 처음엔 손이 가는 대로 세어 보다가, 점차 일정한 기준과 순서에 따라 세어 봅니다. 즉, 첫째 줄에 있는 4개를 제일 먼저 센 후, 둘째 줄에 있는 4개를 더 세고, 추가로 셋째 줄에 있는 4개를 더 세서 총 12개임을 알아내는 것이죠. 간단한 덧셈인 4+4+4=12라는 식을 어느 정도 이해할 수 있는 아이라면, 이것이 $4 \times 3=12$로 압축될 수 있음을 넌지시 알려 줍니다.

1장에서 퍼즐 맞추기 활동을 통해 곱셈 구조를 파악했던 일화와 유사한 방식이에요. 또 6×2 모양으로 배열해 본 후, 같은 질문을 해볼 수도 있고요. 3×4, 2×6 모양으로 바꿀 수도 있음을 파악하면 곱셈의 교환법칙이 가능한 이유에 대해서도 느낄 수 있습니다. 이러한 활동들을 통해 곱셈 개념을 자연스럽게 이해하는 기초를 마련할 수 있어요.

교과서 속으로

1학년 1학기 **1단원 9까지의 수**

몇일까요 / 수를 써 볼까요 / 몇째일까요 / 수의 순서를 알아볼까요 / 어느

수가 더 클까요 / 1만큼 더 큰 수와 1만큼 더 작은 수는 무엇일까요

초등학교 1학년 1학기 첫 단원에서는 '9까지의 수'에 대해 알아봅니
다. 수 세기뿐 아니라 수의 순서를 나타내는 방법도 함께 알아보지
요. '몇째일까요'에서는 서수 개념 및 위치를 설명하는 방법을 학습
하고, '수의 순서를 알아볼까요'에서는 수를 순서대로 말하는 연습을
합니다. 교육과정 역시 수학 학습의 첫걸음을 수 세기, 순서 및 위치
표현하기로 하고 있네요. 〈치킨차차〉를 통해서 수 세기 및 수의 순서
를 나타내는 표현에 대해 익혀 보세요.

또 어떤 게임이 있을까?

스택버거

〈동물 메모리 게임〉, 〈정글 슬라이드〉,
〈에코몬〉, 〈스택버거〉 등 메모리 게임
종류는 엄청 많아요. 티니핑, 겨울왕
국, 포켓몬 등 캐릭터를 이용한 메모리
게임도 많은데, 아이가 좋아하는 캐릭

터를 활용한다면 더욱 재미있게 즐길 수 있을 거예요. 찐남매들은 햄버거 카드의 재료를 순서대로 찾아내는 〈스택버거〉를 참 좋아해요.

7종류의 재료로 이루어진 카드 28개가 있기에 우리 아이 수준에 따라 카드 개수를 달리하여 난이도를 조절할 수 있어요. 기억력 게임이면서도 순차적인 사고 능력을 요구한다는 점에서 다른 메모리 게임과 차별점이 있지요. 버거 이름 옆에 있는 모자를 총 10개 모으면 이기게 되는데, 이때 1부터 10까지 세기, 한 자리 수 덧셈, 뺄셈 등의 부수적인 학습 효과까지 기대할 수 있습니다.

같은 동물은 단 하나!
관찰력과 집중력을
기를 수 있는

도블 동물원

🔍 게임 시간 **5~15분**

🔍 추천 연령 **3~7세**

🔍 게임 효과 **관찰력 / 집중력 / 문제해결을 위한 본질 파악**

🔍 주요 구성품 **동물 그림 카드 55장**

〈도블 동물원〉은 손 안에 쏙 들어오는 작은 원통형 크기의 보드게임입니다. 작고 가벼워 휴대하기도 편하고, 어린아이들도, 처음 하는 사람도 쉽게 즐길 수 있어 언제든 들고 다니다 짠~하고 꺼내 놓기 좋아요. 같은 그림, 다른 그림만 파악할 수 있다면 누구라도 함께할 수 있지요. 8마리 귀여운 동물 그림이 그려진 카드가 총 55장 들어 있는데, 어떤 두 장의 카드를 골라도 같은 동물 그림은 단 하나만 그려져 있답니다. 정말 신기하지 않나요? 매우 간단하지만 수학에서의 '파노 평면 이론'을 토대로 만들어진 게임이에요. 〈도블〉, 〈도블 동물원〉, 〈도블 디즈니〉, 〈도블 마블〉 등 다양한 버전으로 출시되어 있으니 마음에 드는 그림으로 선택해서 즐겨 보세요.

게임 방법

1 각자 카드를 하나씩 가지고, 나머지 카드는 가운데 더미로 쌓아 둡니다.

CHECK 뒷면으로 쌓아 둔 후, 게임을 시작하면 맨 위의 카드를 뒤집어요.

2 자신의 카드와 가운데 더미의 카드를 관찰해 같은 동물을 찾으면 동물 이름을 말하고 가운데 카드를 가져옵니다.

CHECK 이 과정을 반복한 후, 가운데 더미의 카드가 모두 사라졌을 때 카드를 제일 많이 가지고 있는 사람이 승리해요.

더 재미있게 즐기자

❶ 동물 이름 붙이기

〈도블 동물원〉 카드에는 57종류나 되는 귀여운 동물 그림이 그려져 있어요. 하지만 함께 들어 있는 설명서에는 그 중 29개만 이름이 소개되어 있지요. 각자 상상력을 발휘하라는 의미로 일부만 제시했다고 하네요. 나머지 동물들 이름이 궁금하다면 홈페이지를 통해 알 수도 있지만, 우리가 가장 가깝다고 여기는, 우리만의 동물 이름을 붙여 보세요.

❷ 다양하게 즐기기

설명서에 소개된 게임 종류만 5가지나 되며, 위에서 소개한 게임 방법은 그 중 첫 번째 '탑 쌓기'입니다. 그밖에도 우물 파기, 뜨거운 감자, 독이 든 선물 등 다양한 게임 방식이 소개되어 있는데, 근본적인 규칙이 달라지는 것이 아니라 각 게임마다 조금씩 변화만 준 것이니 여러 방식으로 다양하게 즐겨 보세요. 9장의 카드를 펼쳐 놓고 같은 동물 그림이 그려진 카드 3장을 찾는 게임도 가능해요.

수학적 효과를 Up시키는 게임 진행 발문 Tip

❶ 본질 파악

∘ 동물 크기는 관계가 있을까?

카드에 그려져 있는 각 동물들 크기는 일정하지 않아요. 같은 동물이 어떤 카드에서는 크게, 어떤 카드에서는 작게 그려져 있지요. 그래서 때때로 아이들이 '크기도 중요한가요?'라는 질문을 하기도 하더라고요. 〈도블 동물원〉에서 크기는 고려 대상이 아닙니다. 즉 동물의 '크기' 요소는 무시하고, '종류'에만 초점을 모아야 한다는 규칙을 통해 이 게임에서 주목해야 할 것과 그렇지 않은 것을 구별해 내는 경험을 할 수 있습니다. 본질을 파악하는 것은 수학 문제들을 해결할 때 꼭 필요한, 중요한 태도이지요.

❷ 수학적 호기심

∘ **아무 카드 두 장을 뽑아도 항상 같은 동물이 하나만 있게 하려면 카드를 어떻게 만들어야 할까?**

이 질문에 대한 답은 바로 할 수 없어요. '파노 평면'이라는 이론을 알아야 하거든요. 마침 동봉된 안내서에 게임 개발 스토리가 짧게 소개되어 있으니, 이러한 간단한 게임 하나도 수학 이론을 바탕으로 개발되었다는 것을 아이와 공유해 볼 수 있는 기회입니다. 더 나아가, 어떤 카드 두 장을 뽑아도 같은 동물이 단 하나만 존재한다는 것 자체가 신기하기도 하면서, 어떻게 만들 수 있을까라는 수학적 호기심을 불러일으키기에 충분하지요.[1] 우리에게 필요한 것은 하나하나의 단편적 지식이 아니라, 지적 탐구를 꾸준히 하기 위한 호기심과 열정일 테니까요.

한걸음—더 파노 평면 이론

∘ **만약 7종류의 동물이 있고 카드 한 장에 그림이 3개씩 들어가도록 한다면, 카드가 최대 몇 장 필요할까?**

파노 평면 이론에 따라 〈도블 동물원〉처럼 카드 한 장에 그림이 8개

---

1   수학에서 '항상 존재하는가. 만일 존재한다면 그것은 유일한가'라는 '존재성'과 '유일성'에 대한 질문은 매우 큰 의미가 있습니다. 임의의 카드 두 장을 선택했을 때 같은 동물 그림이 '유일하게 존재'하도록 만들 수 있을까라는 수학적 사고에 접근해 보세요.

씩 들어가도록 한다면, 카드가 57장, 동물이 57종류가 있으면 된다고 해요.[2] 이유는 알 수 없지만, 〈도블 동물원〉에서는 카드 2장을 제외하고 55장 카드만 사용합니다.

복잡한 문제를 이해하고 해결하는 좋은 전략 중 하나는 단순화시켜 보는 것입니다. 우리도 7종류의 동물 그림이 각 카드에 3개씩 들어가는 경우로 단순화시켜 질문해 볼 수 있어요. 파노 평면 이론을 몰라도, 종이에 연필로 끄적이고 시행착오를 겪으면서 답을 찾아볼 수 있지요. 참고로 2015년 9월 8일자 〈머니투데이〉에 김종락 서강대 수학과 교수님이 쓰신 '수포자도 즐기는 보드게임에 수학이!'라는 제목의 기사에 실린 문제를 소개합니다.

> 설명을 위해 좀 간단한 문제를 생각해 보자. 7명의 사람이 있다. 이 사람들로 팀원이 3명인 여러 개의 팀을 만들려고 한다. 어떤 두 팀을 택해도 한 명은 두 팀에 동시에 속하도록 해야 한다. 또 임의의 두 사람은 정확히 한 팀에 속한다고 하자. 그러면 몇 개의 팀이 필요할까?

정확히 파노 평면 이론 문제라는 것이 파악되셨나요? 이 기사에서도 역시 수학적 두뇌를 개발시키며 수학에 대한 친근감을 갖기 위해 수학 개념을 접목한 보드게임의 중요성을 역설하고 있네요.

---

2 그림이 n개일 때, 필요한 카드와 동물의 수는 각각 $(n-1)^2+n$이라는 공식이 존재합니다. 〈도블 동물원〉에서는 n=8일 때, $7^2+8=57$이 되는 것이죠.

조건에 맞는 타일 찾기,
집학적 사고의 핵심이 담긴

픽미업
허니비

🔍 게임 시간 **5~15분**

🔍 추천 연령 **3~8세**

🔍 게임 효과 **관찰력 / 집중력 / 집합적 사고**

🔍 주요 구성품 **꽃가루 타일 54개, 보너스 타일 10개, 스틱 4개, 주사위 3개**

　앞에서 말씀드렸듯이 같은 것과 다른 것을 구분하고, 공통 속성을 가진 것끼리 분류하는 활동은 수학적 활동의 핵심이자 본질입니다. 〈픽미업 허니비〉는 바로 그러한 수학의 본질을 잘 구현해 낸 게임이 에요. 규칙이 간단하면서도 재미있고, 주사위 개수에 따라 난이도를 조절할 수 있어 어린아이들도 즐길 수 있지요. 관찰력과 집중력 향상 에도 큰 도움이 되는 〈픽미업 허니비〉에 대해 살펴볼까요?

게임 방법

1 게임판 안에 타일을 나누어 담고, 스틱을 하나씩 가집니다.

CHECK 보너스 타일이 맨 위에 있지 않도록 해주세요.

2 주사위를 굴려 나온 조건에 맞는 타일을 스틱으로 찍어 옵니다.

CHECK 보너스 타일은 언제나 찍어 올 수 있어요. 조건에 맞는 타일이 더 이상 없으면 스틱을 높이 들고 꾹꾹 눌러 소리를 내요.

3 게임판의 빈칸이 5개 이상 되면 게임이 끝납니다.

CHECK 가장 많은 타일을 획득한 사람이 승리해요.

더 째미있게 즐기자

❶ 단계별로 즐기기

〈픽미업 허니비〉에는 색깔, 개수, 표정 주사위가 각각 하나씩 세 개의 주사위가 있어요. 이 세 개를 한꺼번에 굴려 나온 조건에 모두 해당되는 타일을 가져와야 하지만, 주사위 개수를 달리하여 난이도를 조절할 수 있지요. 어리거나 처음 접하는 아이와 게임을 한다면 주사위 1개만 가지고도 진행할 수 있습니다. 1개만 가지고 할 때는 색깔이나 개수 주사위를 선택하는 것이 좋아요. 익숙해지면 2개, 3개로 점차 주사위 개수를 늘려서 게임을 진행해 보세요.

❷ 스틱으로 즐기기

누르면 뽕뽕뽕 소리가 나는 스틱은 아이들에게 의외의 재미를 주는 웃음 포인트가 됩니다. 조건에 맞는 스틱을 신나게 가져오다 더 이상 발견하지 못하면 손을 높이 들고 스틱을 눌러요. 이때 스틱을 가장 늦게 누른 사람은 벌칙으로 타일 1개를 반납하지요. 찐남매네는 즐겁게 하기 위해 벌칙은 두지 않고, 다 같이 손을 들고 뽕뽕뽕 소리 내면서 하하호호 한바탕 웃음 잔치가 펼쳐진답니다.

수학적 효과를 Up시키는 게임 진행 발문 Tip

❶ '그리고' 조건, 교집합

∘ 초록색이면서 1이기도 하고, 메롱 표정인 타일은 어디 있을까?

주어진 조건을 모두 만족한다는 것은

집합론 용어를 빌려서 표현하면 교집합 원소를 찾는 것을 의미해요. 명제 단원 용어로 표현하면 '그리고' 조건이 될 테고요. 이런 사고가 아이들에게는 아직 어려울 수 있기 때문에 처음에는 빨리 찾으며 경쟁하기보다 천천히 여유를 두고 함께 찾아보세요.

주사위를 던져 나온 조건을 부모님이 다시 말해 주거나 아이가 직접 말해 보게 하면 해당 조건이 무엇인지 명확하게 인식하도록 도와줄 수 있답니다.

❷ '또는' 조건, 합집합

∘ 파란색 또는 초록색이면서 3개이고, 표정은 아무거나가 나왔네. 그럼 어떤 타일을 찾으면 될까?

색깔 주사위나 개수 주사위에는 두 종류가 한꺼번에 표시되어 있는 면이 있어요. 예를 들어 파란색과 초록색이 반반씩 그려져 있는 면은 파란색 또는 초록색을 의미하죠. 표정 주사위에서 X표시는 아무 표정이나 가능함을 의미하고요. 이 상황을 다시 해석해 보면, '파란색이면서 3개이고 아무거나 표정 타일' 또는 '초록색이면서 3개이고 아무거나 표정 타일'을 가져오면 됩니다. 이렇게 우리가 찾아야 하는 타일 조건에 대해 명확하게 따져 보는 연습을 해보세요. 이는 고등학교 때 배우는 집합과 명제 단원 개념 이해를 위한 핵심적 사고입니다.

∘ 파란색 또는 초록색, 1 또는 2, 웃는 표정이 나왔네. 우리가 찾을 수 있는 타일은 총 몇 종류가 있을까?

색깔, 개수 주사위에서 모두 반반인 면이 나오면 아이들은 조금 당황하기 시작합니다. 어떤 타일을 골라야 하는지 머릿속이 뒤엉킬 수도 있고요. 이때 우리가 골라내야 하는 타일을 정확하게 하나하나 말할 수 있도록 유도해 보세요. 위 상황에서는 다음과 같이 총 4가지 경우가 가능합니다.

파란색, 1, 웃음　　초록색, 1, 웃음　　파란색, 2, 웃음　　초록색, 2, 웃음

조금 더 확장해 볼까요? 만일 표정 주사위에서 X표시, 즉 아무거나가 나왔다면 우리의 선택지는 훨씬 넓어집니다. 게임을 진행할 때는 표정은 신경 쓰지 않고 색상과 개수에만 주목하면 되기에 그리 어렵지 않게 생각할 수 있지만, 가능한 경우를 모두 따져 보는 것은 꽤 어려워지네요. 다음과 같이 총 12가지가 나옵니다.

파란색, 1, 웃음　　파란색, 2, 웃음　　초록색, 1, 웃음　　초록색, 2, 웃음

| 파란색, 1, 메롱 | 파란색, 2, 메롱 | 초록색, 1, 메롱 | 초록색, 2, 메롱 |
| 파란색, 1, 눈크게 | 파란색, 2, 눈크게 | 초록색, 1, 눈크게 | 초록색, 2, 눈크게 |

사실 표정이 총 3가지이기에 곱의 법칙을 이용한다면 4×3=12(개)로 쉽게 구할 수 있어요.

교과서 속으로

2학년 1학기 **5단원 분류하기**

분류는 어떻게 할까요 / 기준에 따라 분류해 볼까요 / 분류하여 세어 볼까요

/ 분류한 결과를 말해 볼까요

초등학교 2학년 1학기에는 '분류하기' 단원에서 여러 가지 기준에 따라 분류해 보는 활동을 익힙니다. 기준을 세워 소그룹으로 분류하는 활동은 우리가 사는 세상이나 인식 대상들을 보다 명확하게 이해하기 위한 중요한 활동이지요. 〈픽미업 허니비〉에서는 그 기준이 각각 색상, 개수, 표정인 셈입니다. 이러한 기준에 따라 조건을 파악하고 대상을 분류하는 데서 집합적 사고의 기초가 형성됩니다.

집합이라는 단원은 고등학교 1학년 때 처음 나오지만, 집합적 사고는 일상적으로 혹은 수학적으로 자연스러운 사고 중 하나예요. 우리가 수학 학습을 통해 배워야 하는 내용이자 이후 수학 활동을 하기 위한 튼튼한 초석이 되는 사고입니다.

모자를 찾아라!

외국에서 인기가 많았던 〈Hit the Hat〉의 한국어판 버전이라고 해요. 〈픽미업 허니비〉와 거의 비슷한 수학적 원리를 담고 있는데, 〈픽미업 허니비〉보다 더 직관적이고 간단해서 어린아이들이 즐기기 좋아요. 예진이도 3세 때부터 재미있게 하더라고요.

다양한 모자를 펼쳐 놓고, 주사위 세 개를 던져서 해당하는 속성을 가진 단 하나의 모자를 찾아 흡착 막대로 찍어 옵니다. 주사위는 모자 모양, 모자 테두리 색, 모자 무늬 이렇게 3가지 속성이 있어요. 찐남매네는 모자 모양에 각각 아빠 모자, 엄마 모자, 마술사 모자라고 이름 붙여 주었답니다. 주사위 3개를 던진 후, 어떤 속성을 찾아야 하는지 한번 말해 보도록 하고 찾는 것도 좋아요. 위 그림에서는 '꽃무늬 분홍 테두리를 가진 마술사 모자'가 되겠지요.

사칙연산, 보드게임으로 충분해요

'초등학교에서는 연산이 제일 중요하다던데, 연산 학습지를 많이 풀게 해야 하나?'

많은 부모님들이 흔히 하는 고민일 거예요. 연산이 반복적으로 나와 부모님이 봐도 지루하게 느껴지는 연산 문제집, 우리 아이들의 수학에 대한 흥미를 떨어뜨리고, 수학은 재미없는 것이라는 잘못된 인상을 심어 주게 하는 것은 아닐까요? 어린 시절, 그 무엇보다 가장 놓치지 않아야 할 점은 수학적 호기심과 흥미를 가질 수 있도록 도와주는 것입니다. 이번에는 즐겁게 게임을 즐기는 사이에 저절로 연산 실력이 올라가며 유연한 사고까지 가능하게 하는 보드게임들을 소개할게요.

수와 친해지는 첫 단계, 수에 대한 감각을 길러 주는

셈셈수놀이

🔍 게임 시간 **10~20분**

🔍 추천 연령 **3~8세**

🔍 게임 효과 **수와 양의 일치 / 모으기와 가르기 / 10의 보수**

🔍 주요 구성품 **수, 양, 손가락 타일 각각 10개, 연산기호 타일 6개, 스틱, 주사위, 말**

행복한 바오밥에서 출시한 셈셈시리즈는 제가 참 애정하는 보드게임이에요. 셈셈수놀이-셈셈피자가게-셈셈테니스-셈셈눈썰매장-셈셈롤러코스터 코스를 다 밟고 나면 사칙연산이 저절로 해결된답니다. 이중 첫 시작인 〈셈셈수놀이〉 보드게임은 설명서에 소개되어 있는 게임 종류만 해도 무려 14가지나 되지요. 4세 이상이라고 되어 있지만, 2~3세부터 가지고 놀게 하면 수에 익숙해지는 데 도움이 많이 됩니다. 수 개념부터 연산 기초까지 익힐 수 있는 〈셈셈수놀이〉, 여기서는 찐남매네 집에서 가장 인기 있었던 '10 만들기 게임'을 소개할게요.

게임 방법

1 말판을 펼치고, 수 타일 30개를 잘 섞어 뒷면으로 더미를 만들어 쌓아 둡니다.

CHECK 각자 게임말을 골라 출발 지점에 두어요.

2 주사위를 굴려 나온 수만큼 내 말을 앞으로 이동하고, 옮긴 칸의 미션을 수행합니다.

CHECK 타일 1개, 타일 2개, 주사위 한 번 더, 타일 교환, 사다리, 미끄럼 등 다양한 미션이 있어요.

〈10 만들기 예〉

3 내가 가진 수 타일을 사용해 10을 만들어 제출하면 한 번 더 할 수 있습니다.

CHECK 가장 먼저 도착한 사람이 승리해요.

더 재미있게 즐기자

❶ 스틱으로 즐기기

〈셈셈수놀이〉에는 타일을 찍을 수 있는 스틱이 2개 들어 있어요. 스틱을 이용해서 타일을 가져오며 신나게 활동해 보세요. 예진이는 타일 30개를 펼쳐 놓고, 특정 수를 부르면 그에 해당하는 타일 3개 스틱으로 찍어 오기 놀이를 하는데, 그것만으로도 정말 즐거워한답니다.

❷ 연산 기호 타일로 문제 만들기

〈셈셈수놀이〉에는 덧셈, 뺄셈, 등호 기호 타일이 들어 있어요. 이 타일을 이용해서 다양한 덧셈식과 뺄셈식을 만들어 문제 맞히기 퀴즈 대회를 합니다. 문제 만들기 활동은 수학적 사고력을 키울 수 있는 최고의 활동 중 하나예요.

❸ 다양하게 즐기기

〈셈셈수놀이〉 게임 설명서에는 다음과 같이 다양한 종류의 게임 방법을 소개하고 있어요. 수 세기 보드게임의 첫 시작으로 좋은 〈셈셈수놀이〉를 통해 우리 아이 수준이나 관심에 맞게 다양하게 즐겨 보세요.

게임 1 **수 세기와 수, 양 일치**

➡ 같은 수 찾기 / 엄마와 함께 같은 수 찾기 / 같은 수 찾기 메모리 게임

게임 2 **수의 순서**

➡ 한 줄로 나란히 게임

게임 3 수의 크기 비교

➡ '큰 수' '작은 수' 게임

게임 4 가르기와 모으기

➡ 5 만들기 / 6, 7, 8, 9, 10 만들기 / 콕콕 찍어 5 만들기 / 스피드 5 만들기 / 줄줄이 스피드 게임

게임 5 기초 연산 게임

➡ 덧셈 왕 / 덧셈 뺄셈의 왕 / 연산의 달인

게임 6 10 만들기 보드게임

수학적 효과를 Up시키는 게임 진행 발문 Tip

□△
×○

----

❶ 발산적 사고 유도

◦ 2개가 안 되면 3개의 타일로 만들어 보면 어때?

아이가 10을 만드는 다양한 방법을 터득할 수 있도록 유도합니다. 처음에는 2개의 수로만 만들려고 시도하는데 잘 안 된다면 3개나 4개 또는 그 이상의 타일로도 만들 수 있다고 힌트를 주세요. 스스로 발견하는 기쁨을 누릴 수 있을 거예요.

❷ 수학적 구조 파악

◦ 두 개의 타일 순서를 바꿔도 될까?

3+7과 7+3은 둘 다 10을 만들 수 있어요. 3과 7은 서로 10의 보수이

며 덧셈에 대한 교환법칙이 성립하기 때문이죠. 즉 더하기를 할 때 수의 순서는 상관이 없어요. 또 1+4+5에서 1+4를 먼저 계산한 다음 5를 더한 것과 4+5를 먼저 계산한 다음 1을 더한 결과는 똑같이 10이 되지요. 이를 덧셈에 대한 결합법칙이 성립한다고 말해요. 교환법칙과 결합법칙이라는 용어를 말해 주지 않아도, 이러한 법칙이 성립한다는 개념을 통해 구조적으로 사고할 수 있도록 이끌어 주는 것이 중요해요. 참고로 교환법칙, 결합법칙이라는 용어는 중학교 때 처음 나온답니다.

한걸음─더 논리적 수 세기 연습

∘ 10을 만드는 방법을 모두 생각해 볼까?

〈셈셈수놀이〉에 들어 있는 타일로 10을 만들 수 있는 경우는 다음과 같아요. 하나의 수마다 최대 3개의 타일을 사용할 수 있기 때문에 10을 만드는 경우는 순서를 고려하지 않는다면 전부 26가지입니다.

① 1+9, 2+8, 3+7, 4+6, 5+5와 같이 두 개의 타일로 만들기(5가지)

② 1+1+8, 1+2+7, 1+3+6, 1+4+5, 2+2+6, 2+3+5, 2+4+4, 3+3+4와 같이 세 개의 타일로 만들기(8가지)

③ 1+1+1+7, 1+1+2+6, 1+1+3+5, 1+1+4+4, 1+2+2+5, 1+2+3+4, 1+3+3+3과 같이 네 개의 타일로 만들기(7가지)

④ 1+1+1+2+5, 1+1+1+3+4, 1+1+2+2+4, 1+1+2+3+3, 1+2+2+2+3 과 같이 다섯 개의 타일로 만들기(5가지)

⑤ 1+1+1+2+2+3과 같이 여섯 개의 타일로 만들기(1가지)

위와 같이 기준을 정해서 크게 나눈 다음, 각각의 경우를 체계적으로 세는 것이 중·고등학교 때 등장하는 '경우의 수와 확률' 단원의 핵심 내용이에요. 빠짐없이, 중복 없이 세는 방법을 생각해 보는 경험이 곧 논리적 사고의 출발이자 핵심입니다.

교과서 속으로

> **1학년 1학기** **3단원 덧셈과 뺄셈**
>
> 모으기와 가르기를 해 볼까요 / 더하기는 어떻게 나타낼까요 / 덧셈을 해 볼까요 / 빼기는 어떻게 나타낼까요 / 뺄셈을 해 볼까요 / 0을 더하거나 빼면 어떻게 될까요 / 덧셈과 뺄셈을 해 볼까요
>
> **1학년 2학기** **4단원 덧셈과 뺄셈(2)**
>
> 10이 되는 더하기를 해 볼까요 / 10에서 빼 볼까요 / 10을 만들어 더해 볼까요
>
> **1학년 2학기** **6단원 덧셈과 뺄셈(3)**
>
> 10을 이용하여 모으기와 가르기를 해 볼까요 / 덧셈식과 뺄셈식을 만들어 볼까요

초등학교에 입학하면 가장 먼저 하게 되는 수 활동 중 하나가 모으기와 가르기예요. 1학년 1학기에는 10보다 작은 수들을 가지고 다양한 모으기와 가르기 연습을 합니다. 1학년 2학기에는 덧셈과 뺄셈이 교

과서의 반 이상을 차지할 정도로 덧셈, 뺄셈 연습을 중요하게 다루고 있어요. 특히 10의 보수 개념을 익히고, 10을 이용한 모으기와 가르기 연습을 통해 받아올림이 있는 덧셈, 뺄셈을 연습하게 됩니다. 〈셈셈수놀이〉를 통해 다양한 방법으로 모으기와 가르기를 경험하고, 10 만들기 활동을 하며 10의 보수 개념을 익힌다면 덧셈, 뺄셈 연산을 위한 기초를 튼튼히 쌓을 수 있을 거예요.

또 어떤 게임이 있을까?

스머프 사다리 게임

아직 10 만들기가 익숙하지 않다면 〈스머프 사다리 게임〉을 먼저 해보세요. 〈셈셈수놀이〉와 비슷하게 주사위를 던져 나온 눈의 수만큼 이동하며 목표 지점에 도달하는 방식의 게임이에요. 각 칸에 1부터 100까지의 번호가 적혀 있어서 100까지 수를 자연스럽게 익힐 수 있지요.

사다리와 미끄럼틀, 파파스머프 칸에 도착하면 한 번 더, 가가멜 칸에 도착하면 가가멜 카드 사용, 아즈라엘 칸에 도착하면 한 번 쉬기 등 다양한 이벤트도 준비되어 있어서 아이들이 재미있게 즐길 수 있답니다. 한 자리 수 간단한 덧셈 연습을 추가하고 싶다면 주사위 두 개를 굴려 나온 두 눈의 수의 합만큼 이동하는 것으로 변형해서 즐겨도 됩니다.

같은 과일 5개를 찾아라!
5의 보수도 알고
순발력도 키우는

할리갈리

🔍 게임 시간 **10~15분**

🔍 추천 연령 **3~9세**

🔍 게임 효과 **5까지의 수 모으기와 가르기 / 집중력 / 순발력**

🔍 주요 구성품 **종, 과일 카드 56장(딸기, 바나나, 라임, 자두 각 14장씩)**

　이스라엘의 보드게임 작가 하임 사피르가 만든 〈할리갈리〉는 전세계 많은 나라에서 발매되었으며, 우리나라에서만 200만 개가 넘게 팔렸다고 하네요. 워낙 인기가 많아 〈할리갈리 주니어〉, 〈할리갈리 컵스〉, 〈할리갈리 링엘딩〉, 〈할리갈리 링크〉, 〈할리갈리 익스트림〉과 같이 다양한 버전으로 출시되어 있어요. 5의 보수, 5 모으기와 가르기 개념을 시각적으로 인지하면서 획득할 수 있어 연산 기초를 연습할 수 있지요. 쉽고 단순하면서도 긴장감 있게 진행되며 순발력과 집중력 향상에도 큰 도움이 됩니다. 〈할리갈리〉 보드게임으로 재미있게 즐기는 사이에 수학 실력도 쑥쑥 올려 볼까요?

게임 방법

1 가운데 종을 두고, 모든 사람이 카드를 똑같이 나누어 가진 후, 뒷면이 위로 오게 해서 쌓아 둡니다.

CHECK 인원에 따라 누군가 한 장 더 받을 수 있지만 게임에 큰 영향을 주지 않아요.

2 자기 차례가 되면 카드 더미 맨 위의 카드를 자기 카드 더미와 종 사이에 앞면이 보이게 펼쳐 놓습니다.

CHECK 카드는 펼치는 사람을 기준으로 먼 쪽으로 펼쳐서 다른 사람들이 먼저 앞면을 볼 수 있게 해요.

3 바닥에 펼쳐진 카드에서 같은 과일이 정확히 5개가 보이면 종을 치고, 펼쳐진 카드를 모두 가져옵니다.

CHECK 잘못 종을 친 사람은 다른 모든 사람들에게 자신의 카드를 한 장씩 나누어 줘요. 카드가 다 떨어진 사람은 차례로 탈락, 남은 사람이 승리해요.

더 째미있게 즐기자

❶ 3세부터 즐기기

아직 수를 세지 못하는 아이들과는 '딸기가 나오면 종치기', 5까지 셀 수는 있지만 더하는 과정에는 어려움을 느끼는 아이들과는 '과일 3개짜리가 나오면 종치기' 등과 같이 현재 우리 아이가 할 수 있는 방식으로 규칙을 쉽게 바꿔서 진행해 보세요. 처음에는 '과일 1개짜리가 나오면 종치기'로 하다가 점점 '과일 5개짜리가 나오면 종치기'로 바꿔서 하다 보면 자연스럽게 1부터 5까지의 수와 양에 대한 개념을 익힐 수 있어요.

❷ 변형해서 즐기기

펼쳐진 카드에서 같은 과일이 정확히 5개가 보이면 종을 치는 것이 할리갈리 게임의 기본 규칙이라면, 과일 개수를 변형해서 게임을 진행해 볼 수 있어요. 5개까지가 조금 어려운 아이들에게는 4개가 보이면 종치기로 변형합니다. 단, 이때는 5개짜리 과일 카드는 빼는 게 좋겠죠? 5개로 게임하는 것이 익숙해지면 6개가 보이면 종치기로 변형합니다. 기존 규칙을 변형해 보면서 인지적 부조화를 일으키는 연습은 생각의 힘을 기르는 데 큰 도움이 된답니다.

수학적 효과를 Up시키는 게임 진행 발문 Tip

❶ 5 만들기

◦ 5를 만드는 방법은 총 몇 가지가 있을까?

자연수를 이용하여 5를 만드는 방법은 순서를 바꾸는 경우를 고려하지 않는다고 가정했을 때, 5, 1+4, 2+3, 1+1+3, 1+2+2, 1+1+1+2, 1+1+1+1+1의 7가지가 있습니다. 5를 만들 수 있는 방법에는 어떤 것들이 있는지, 가능한 방법의 수는 몇 가지인지 이야기하며 다양한 모으기와 가르기 경험을 나눠 보세요.

❷ 논리적 사고

∘ 5를 만드는 방법을 빠짐없이 찾으려면 어떻게 해야 할까?

위에서 5를 만드는 방법 7가지가 전부인지, 혹시 빠뜨리거나 중복된 것은 없는지 확인하려면 어떻게 해야 할까요? 적절한 기준을 세워 체계적, 논리적으로 세는 것이 필요하지요. 더하는 수의 개수로 기준을 정한다면 위에서 나열한 순서로 찾을 수 있습니다. 혹은 1이 들어간 경우를 먼저 찾을 수도 있겠죠. 이런 기준으로 찾으면 1+4, 1+3+1, 1+2+2, 1+2+1+1, 1+1+1+1+1, 2+3, 5가 될 것입니다. 이러한 연습은 추후 경우의 수 단원을 학습할 때 직접적으로 빛을 발할 뿐만 아니라, 전반적인 수학적 사고력을 향상시키는 데도 큰 도움이 됩니다.

한걸음 一더 논리적 수 세기 연습

∘ 6을 만드는 방법, 7을 만드는 방법도 모두 찾아볼까?

앞에서 6 만들기로 변형하여 게임을 즐겨 보았다면, 6을 만드는 방법, 7을 만드는 방법 찾기로 확장하여 질문해 볼 수 있습니다. 이렇게 자꾸 변형하고 확장하고, 더 나아가 일반화까지 해보는 경험은 수학적 사고 능력 세우기의 핵심 중 하나입니다. 특히 수가 커질수록 기준을 정해서 체계적으로 세는 활동이 더욱 중요해집니다. 사실 이러한 개념은 '자연수의 분할'[3]이라는 수학 내용과 밀접한 관련이 있어요. 현재는 학교 교육과정에서 자연수 분할을 직접적으로 다루고 있지는 않으므로, 내용 자체보다는 기준을 정해 빠짐없이 모든 방법을 찾는 사고 과정에 주목해 주시면 됩니다.

① **6을 만드는 방법: 총 11가지**

➡ 6, 5+1, 4+2, 4+1+1, 3+3, 3+2+1, 3+1+1+1, 2+2+2, 2+2+1+1, 2+1+1+1+1, 1+1+1+1+1+1

② **7을 만드는 방법: 총 15가지**

➡ 7, 6+1, 5+2, 5+1+1, 4+3, 4+2+1, 4+1+1+1, 3+3+1, 3+2+2, 3+2+1+1, 3+1+1+1+1, 2+2+2+1, 2+2+1+1+1, 2+1+1+1+1+1, 1+1+1+1+1+1+1

교과서 속으로

> **1학년 1학기** **3단원 덧셈과 뺄셈**
>
> 모으기와 가르기를 해 볼까요 / 더하기는 어떻게 나타낼까요 / 덧셈을 해 볼까요 / 빼기는 어떻게 나타낼까요 / 뺄셈을 해 볼까요 / 0을 더하거나 빼면 어떻게 될까요 / 덧셈과 뺄셈을 해 볼까요

---

3 자연수 n을 r개의 자연수로 분할하는 방법의 수를 기호로 P(n,r)과 같이 나타냅니다. 이는 같은 종류의 사탕 n개를 같은 종류의 봉지 r개에 빈 봉지가 없도록 나누어 담는 방법의 수를 찾는 것이라고 생각할 수 있어요. 관련된 수학 이론은 상당히 깊지만, 여기서는 간단히만 언급할게요.

초등학교 1학년 1학기에는 한 자리 수의 덧셈과 뺄셈을 하기 위한 모으기와 가르기 활동을 합니다. 다양한 모으기와 가르기 활동은 덧셈과 뺄셈이라는 연산 학습의 기초가 되지요. 특히 연산 학습을 할 때에는 단순히 계산을 한다는 생각을 넘어 수학적 사고력이 확장되는 방향으로 하는 것이 좋습니다. 같은 과일 5개가 만들어지면 종을 치는 〈할리갈리〉를 즐기며 다양한 5 가르기 방법들을 모두 찾아보는 등 아이들에게 생각하는 힘과 그 과정의 즐거움을 알려 주세요.

토핑을 올려 피자를 만들자!
두 자리 수 덧셈,
뺄셈 연습이 저절로 되는

셈셈피자가게

🔍 게임 시간 **30분**

🔍 추천 연령 **6~10세**

🔍 게임 효과 **덧셈, 뺄셈 연습 / 10의 보수를 이용한 연산**

🔍 주요 구성품 **게임판(양면), 피자주문서, 토핑, 덧셈 뺄셈 카드, 주방장 카드, 주사위**

이제 덧셈, 뺄셈을 본격적으로 연습해 보고 싶은데, 어떤 보드게임을 하면 좋을까요? 두 자리 수 덧셈 연습은 물론 10의 보수를 이용한 유연하고 다양한 방식의 연산 사고력까지 가능한 〈셈셈피자가게〉를 소개합니다. 덧셈 뺄셈 카드를 이용하여 토핑을 획득하는 과정에서 끊임없이 덧셈, 뺄셈을 하게 되지요. 무엇보다 연산하는 활동을 즐거워하며 게임에 몰입하는 아이들에게 연산에 대한 긍정적인 이미지를 안겨 줄 수 있다는 점에서 큰 점수를 주고 싶은 보드게임이에요. 토핑을 올려 피자를 만들면서 연산 연습도 하고, 진짜 피자 만들기도 하며 주말 하루 알차게 보내는 것은 어떨까요?

게임 방법

1 각자 정한 게임말을 50이 적힌 칸에 놓고, 피자주문서 1장, 덧셈 뺄셈 카드 3장씩 가져옵니다.

CHECK 게임판은 양면으로 되어 있어 난이도에 따라 선택할 수 있어요. 여기서는 어려운 면 기준으로 소개할게요.

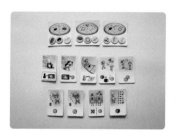

2 덧셈 뺄셈 카드 1장을 선택해 내 말이 위치한 곳의 수와 계산하고, 해당하는 수의 칸으로 이동하여 토핑을 얻습니다.

CHECK 끝자리 1~6은 정해진 토핑 얻기, 7은 홀짝 주사위, 8, 9는 주방장 카드, 0은 냉장고에 있는 토핑 가져오기를 할 수 있어요.

3 주방장 카드에는 다양한 미션이 있으며, 필요 없는 토핑은 냉장고 칸에 놓습니다. 자기 차례에 사용한 덧셈 뺄셈 카드는 버리고, 1장을 새로 얻습니다.

CHECK 토핑 재료 3개를 다 모으면 피자 1판 완성, 3판을 먼저 완성하는 사람이 승리해요.

더 재미있게 즐기자

❶ 수준별로 즐기기

게임판은 1부터 20까지 수로 진행하는 쉬운 면과 1부터 100까지 수로 진행하는 어려운 면의 두 종류가 있어서 현재 아이 수준에 따라 선택할 수 있어요. 쉬운 면을 할 때에는 덧셈 카드 +1/+2/+3 카드만

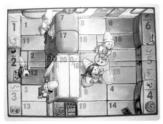 

사용하면 되니, 이제 막 간단한 덧셈 연습을 시작하는 아이들도 즐길 수 있지요. 어려운 면으로 하더라도 덧셈 카드만 이용하거나 한 자리 수 덧셈 뺄셈 카드만 이용하는 등 적절하게 난이도를 조절할 수 있고요. 또, 형제자매의 경우 형은 두 자리 수 카드, 아우는 한 자리 수 카드를 사용하는 방식으로 함께 즐길 수도 있답니다.

❷ 이벤트로 즐기기

계산 결과로 나온 끝자리 수가 7로 끝나면 주사위를 던집니다. 던지기 전에 홀수 또는 짝수를 예측한 후, 예측이 맞으면 토핑 1개를 획득할 수 있어요. 끝자리 수가 8 또는 9로 끝나면 주방장 카드를 가져와 미션을 수행하고, 끝자리 수가 0으로 끝나면 냉장고에 있는 토핑 중 1개를 가져올 수 있습니다. 자신이 가지고 있는 세 장의 덧셈 뺄셈 카드를 계산해 본 결과 원하는 토핑을 얻지 못한다면 끝자리 수가 7, 8, 9, 0이 되도록 하는 카드를 선택해 운에 맡겨 볼 수 있지요. 특히 주방장 카드에는 다양한 이벤트가 있어 게임 재미를 업그레이드시켜 줍니다.

수학적 효과를 Up시키는 게임 진행 발문 Tip

◻△
✕○

❶ 연산 사고력

◦ 29를 더하려면 30을 더한 다음 어떻게 하면 될까?

덧셈 뺄셈 카드에는 오른쪽 아래에 10의 보수를 이용하거나 10 단위로 나누어 계산할 수 있는 힌트가 적혀 있어요. +29를 하는 경우에는 +30/-1이 적혀 있어 30을 더한 후 1을 빼는 방법을 알려 줍니다. -24를 하는 경우에는 -20/-4가 적혀 있는데, 먼저 20을 뺀 후 4를 추가로 빼는 것을 의미합니다. 사실 여기 적혀 있는 방법 이외에도 하나의 연산을 다양한 방법으로 시도해 보는 경험이 중요하지요.

❷ 통합적 사고력

◦ 이 주방장 카드 그림은 무슨 뜻인지 설명서를 읽어 줄래?

많은 아이들이 단순 계산 문제가 아닌 문장제 문제를 어려워합니다. 그런데 교육과정은 점차 스토리텔링 방식의 학습을 통한 통합적 사고력을 요구하는 방향으로 바뀌고 있지요. 수학이 현실 세계와 동떨어지지 않는다는 것을 이해하려면 '맥락'을 통한 상황 파악이 매우 중요합니다. 최근 독서와 문해력의 중요성이 강조되는 이유입니다.

한글을 읽을 수 있는 아이라면 직접 주방장 카드 설명서를 읽고 해당하는 내용이 무엇을 의미하는지 스스로 설명할 수 있도록 유도해 주세요. 만일 한글을 읽지 못하는 아이라면 부모님이 읽어 주신 후 이 문장이 어떻게 행동하라는 뜻인지 아이에게 물어봐 주세요. 문장을 듣고 상황을 판단하는 능력 역시 사고력을 확장시킬 수 있는 활동입니다.

한걸음—더 더 다양한 방식의 연산

◦ 27+38은 어떻게 계산할 수 있을까?

연산 문제로 빼곡한 문제집을 푸는 활동의 단점 중 하나는 정답 맞히기에만 주목하기 쉽다는 것입니다. 우리는 아이가 계산하는 과정이 아닌, 맞았는지 틀렸는지, 몇 개 맞았는지 등 결과에 관심을 가지게 되죠. 진짜 수학 실력을 쌓기 위해서는 아이 스스로 어떻게 그 답에 이르렀는지 설명할 수 있어야 합니다. 이때 그 설명은 기계적 방식이 아닌, 개념에 근거한 논리적, 합리적 도출 방식이어야 합니다. 또, 하나의 연산을 하더라도 다양한 방식으로 접근할 수 있음을 이해해야 합니다. 기본 문제는 잘 해결하는데 심화 문제는 해결하지 못하거나, 연산에서 자꾸 실수가 나오는 이유 중 하나는 하나의 풀이 방법만을 고집하기 때문입니다. 다양한 풀이 방법 중에서 상황에 따라 그에 알맞은 최적의 방법을 선택할 수 있는 힘이 있다면 실수도 줄어들고, 깊이 있는 사고도 가능해지겠죠. 예를 들어, 27+38을 계산하려면 어떠한 방법이 있을까요?

27+30을 한 후, 그 결과인 57에 추가로 8을 더해서 65가 나온다.

27+40을 한 후, 그 결과인 67에서 2를 빼면 65가 나온다.

20+30, 7+8을 계산하면 각각 50, 15가 되고 이 둘을 더해서 65가 나온다.

20+38을 한 후, 그 결과인 58에 추가로 7을 더해서 65가 나온다.

30+38을 한 후, 그 결과인 68에서 3을 빼면 65가 나온다.

이밖에도 만일 아이가 자신만의 논리적인 방법으로 연산을 했다면 그렇게 생각하는 방식에 관심을 가지고 칭찬해 줍니다. 의외로 아이들이 부모님의 예상을 뛰어넘는 신선한 방식으로 계산할 수도 있어요.

교과서 속으로

2학년 1학기 **3단원 덧셈과 뺄셈**

덧셈을 해 볼까요 / 여러 가지 방법으로 덧셈을 해 볼까요

뺄셈을 해 볼까요 / 여러 가지 방법으로 뺄셈을 해 볼까요

두 자리 수 덧셈, 뺄셈은 초등학교 2학년 1학기에 처음 등장합니다. 받아올림과 받아내림이 있는 두 자리 수 덧셈, 뺄셈이 자유자재로 가능할 수 있도록 학습하게 되지요. 뿐만 아니라, 교과서에서 명시적으로 다루고 있는 '여러 가지 방법으로 덧셈, 뺄셈 계산하기' 역시 초등교육과정에서 중요하게 다루어지는 학습 요소입니다. 〈셈셈피자가

게)를 통해 다양한 방법으로 연산하는 즐거움을 경험한 아이들은 자신감을 가지고 배울 수 있을 거예요.

또 어떤 게임이 있을까?

로보77
두 자리 수 덧셈이 아직 익숙하지 않다면, (두 자리 수)+(한 자리 수) 덧셈 연습이 가능한 〈로보77〉을 추천해요. 끊임없이 연산을 하게 되는 상황임에도, 재밌고 흥미진진한 카드 게임이라 아이들이 참 좋아하거든요. 우진이에게도 꾸준히 사랑받고 있답니다.

각자 카드 5장과 토큰 3개씩 나누어 갖고, 나머지 카드는 더미를 만들어 쌓아 둡니다. 자신의 차례에 가지고 있는 카드 중 하나를 내려놓고, 카드 더미에서 한 장을 가져옵니다. 이때 앞사람이 부른 수에 자신이 내려놓은 수를 더한 수를 말해요. 계속 더해 나가다가 77 이상을 부르게 되는 사람이 토큰 하나를 잃게 됩니다. 11의 배수를 불러도 토큰 하나를 잃고요. 가지고 있는 토큰을 모두 잃은 사람이 지는 게임입니다. '0', '-10', '방향 바꾸기', '상대방 카드 2장 내기' 등 다양한 특수카드들 덕분에 게임의 재미가 배가 되지요.

몫과 나머지를 구해서
속도를 올려라
나눗셈 연습에 최고

셈셈눈썰매장

🔍 게임 시간 **30분**

🔍 추천 연령 **8~10세**

🔍 게임 효과 **(두 자리 수) ÷ (한 자리 수) 나눗셈 / 전략적 사고**

🔍 주요 구성품 **게임판, 속도계, 나눗셈 카드, 이벤트 카드, 큐브(빨강, 노랑), 토큰, 주사위**

　〈셈셈피자가게〉로 두 자리 수 덧셈, 뺄셈 연습을 한다면, 〈셈셈테니스〉로는 구구단 외우기, 〈셈셈눈썰매장〉으로는 나눗셈 연습이 가능합니다. 여기서는 〈셈셈눈썰매장〉을 소개할게요. 구구단을 이용한 곱셈을 무리 없이 할 수 있는 아이라면 도전해 볼 만합니다. 몫과 나머지가 존재하는 나눗셈의 특성을 잘 살려 만든 게임인데, 게임을 하면 할수록 '와, 이 게임 참 잘 만들었는데?' 하고 감탄했어요. 저절로 나눗셈 연습을 하게 되는 것은 물론, 몫과 나머지를 어떻게 전략적으로 이용하는 것이 유리할까를 고민하게 하더라고요. 우진이에게도 큰 사랑을 받은 〈셈셈눈썰매장〉 보드게임을 알아볼까요?

게임 방법

1 각자 정한 게임말과 같은 색의 속도계, 나눗셈 카드 2장을 가져옵니다. 토큰은 속도계 30에 놓습니다.

CHECK 내가 가진 2장의 나눗셈 카드 중 1장으로 (속도계 토큰이 놓인 수)÷(나눗셈 카드의 수)를 계산하여 몫과 나머지를 구해요.

2 몫의 크기만큼 게임판 위의 말을 달리고, 해당 칸의 미션을 수행합니다. 나머지 크기만큼 큐브를 가져오고, 나머지가 0일 경우에는 이벤트 카드를 가져옵니다.

CHECK 노란색 큐브는 1개, 빨간색 큐브는 5개를 의미해요.

3 큐브의 개수만큼 속도계 속도를 올리거나 큐브 7개로 이벤트 카드와 교환합니다.

CHECK 속도계 속도를 올리는 데 사용하는 큐브의 개수를 조절하면서 전략을 세울 수 있어요. 결승점에 먼저 도착하는 사람이 승리해요.

더 재미있게 즐기자

❶ 단계별로 즐기기

양면으로 구성되어 있는 게임판은 초급자 코스인 씽씽눈썰매장 면이 따로 준비되어 있어요. 아직 나눗셈에 익숙하지 않은 아이라면 처음에는 씽씽눈썰매장 면을 이용해 나눗셈 카드를 1장만 사용해서 게

임을 진행해 보세요. 혹은 게임판 중간부터 시작하거나, 속도계의 시작 위치를 높여서 게임 시간을 줄이는 방법도 있고요. 끊임없이 나눗셈을 해야 하기 때문에 자칫 게임이 늘어지는 것을 방지할 수 있답니다. 어느 정도 익숙해지면 나눗셈 카드 2장을 이용해서 어떤 카드를 사용할지 선택하는 과정을 추가하면 됩니다.

❷ 이벤트로 즐기기

나눗셈을 한 결과 나누어 떨어져서 나머지가 0이 되는 경우, 이벤트 카드를 1장 사용할 수 있습니다. 또, 큐브 7개를 이벤트 카드 1장으로 교환할 수 있지요. 이벤트 카드에는 나에게 유리한 다양한 이벤트가 준비되어 있어요. 주사위 굴려 해당 눈의 수만큼 앞으로 달리기, 나의 속도 5 올리고 2칸 달리기, 나의 속도 7 올리고 다른 사람 속도는 2씩 내리기, 다른 사람 차례 한 번 쉬기, 다른 사람 게임말을 뒤로 보내기, 주사위 대결하여 속도 올리기 등 다양한 이벤트를 활용하여 게임의 재미를 더해 보세요.

수학적 효과를 Up시키는 게임 진행 발문 Tip

----

❶ 맥락과 구조 이해

◦ **37 나누기 8은 어떤 의미일까?**

나눗셈이 처음이거나 아직 익숙하지 않은 아이들을 위한 질문이에요. 먼저 '사탕 37개를 8명 아이들에게 나누어 주면 각자 몇 개씩 받을 수 있을까?' 또는 '사탕 37개를 한 사람당 8개씩 주면 몇 명의 아이들에게 줄 수 있을까?'와 같이 실생활 표현에서 자연스럽게 나눗셈 맥락을 살려 보세요. 구구단 8단을 떠올리며 8 곱하기 4는 32이지만 8 곱하기 5는 40이므로 '각자 4개씩 나누어 받고, 5개가 남겠네' 또는 '4명에게 주고 5개가 남겠네'라고 말할 수 있다면 훌륭합니다. 아이들 스스로 곱셈의 역연산 활동이 나눗셈이라는 사실을 자연스럽게 파악할 수 있도록 하는 것이죠. 처음에는 게임 진행이 다소 느려지더라도 하나하나 나눗셈의 의미와 관련된 대화를 나누어 보세요. 그냥 무작정 학습지 문제를 푸는 것보다 부모님과의 대화를 통한 이런 경험이 훨씬 더 소중하답니다.

❷ 전략적 사고

◦ **2장의 나눗셈 카드 중에 어느 카드를 사용하는 것이 더 유리할까?**

예를 들어 내 속도계 토큰이 54에 위치해 있고, 나눗셈 카드는 5와 9를 가지고 있다고 해볼게요. 우리의 선택지는 두 개입니다.

① 나눗셈 카드 5 사용하기, 54 나누기 5는?

➡ 몫이 10, 나머지가 4가 되어 게임판의 말을 10칸 이동하고, 큐브를 4개 가져올 수 있어요. 가져온 큐브는 속도계 속도를 올리는 데 사용 가능합니다.

② 나눗셈 카드 9 사용하기, 54 나누기 9는?

➡ 몫이 6, 나머지가 0이 되어 게임판의 말을 6칸 이동하고, 이벤트 카드를 1장 가져올 수 있어요.

자, 여러분이라면 어떤 카드를 선택하실래요? 사실 이것만 봐서는 어느 카드가 더 좋다고 단정 지을 수 없습니다. 게임판 위치와 내 속도계 위치 등 여러 상황들을 모두 고려해서 판단해야 하죠. 만일 나눗셈 카드 9를 사용하여 게임판의 말을 6칸 이동했더니 '전진'칸에 도착한다면 결과적으로 나눗셈 카드 5를 사용해서 10칸 이동하는 것보다 더 많이 이동하게 되고, 덤으로 이벤트 카드 1장을 가져올 수 있으니 이때에는 9를 선택하는 것이 유리합니다. 매번 두 장의 나눗셈 카드를 모두 사용해서 계산해 보고 자신에게 유리한 선택을 하도록 한다면, 나눗셈 연습도 하고 전략적 사고 능력도 키우는 일석이조 효과를 누릴 수 있을 거예요.

◦ 이 이벤트 카드 그림은 무슨 뜻인지 설명서를 읽어 줄래?

앞에 소개한 〈셈셈피자가게〉에서도 주방장 카드 설명서가 있듯이, 〈셈셈눈썰매장〉에는 이벤트 카드 설명서가 있어요. 마찬가지로, 각 이벤트 카드가 요구하는 미션이 어떤 것인지를 알기 위해 설명서를 읽어야 하는데, 이때 설명서는 꼭 아이 스스로 읽고 무슨 의미인지 파악하도록 도와주세요. 한글을 읽을 수 없는 아이라도 부모님이 읽어 주신 후, 어떤 의미인지는 아이가 설명하도록 해 주시면 됩니다. 역할을 부여해 준다는 것, 자기 스스로 읽고 해석해 낼 수 있다는 것은 아이들에게 큰 뿌듯함과 자신감을 안겨 주지요. 우진이는 늘 먼저 "내가 알려 줄게요" 하면서 어느새 설명서를 들고 읽고 있답니다.

한걸음 — 더 **전략적 사고**

◦ 지금 이 상태에서 어떤 전략을 취하는 게 가장 유리할까?

제가 이 게임을 좋아하는 결정적인 이유는 크게 두 가지입니다. 하나는 몫과 나머지를 구한다는 나눗셈의 기본 개념을 아주 잘 살렸다는 점입니다. 나머지를 이용하여 속도계 속도를 올림으로써 몫의 크기를 키울 수 있어 점점 빨리 게임판 말을 이동할 수 있게 되는 것이죠. 다른 하나는 몫을 이용한 게임판의 말 이동, 나머지를 이용한 속도계 속도 올리기, 나머지가 0인 경우를 대비한 이벤트 카드 활용과 같이 다양한 활동이 한 번에 이루어짐으로써 선택 가능한 전략이 매우 다양하다는 점입니다. 이런 특징을 잘 활용하면 매우 깊은 전략적 사고를 이끌어 낼 수 있어요.

① 지금 차례에서 큐브를 몇 개 사용할까?

나눗셈의 결과 나머지만큼의 큐브를 가져올 수 있는데, 이 큐브는 속도계 속도를 올리는 데 사용합니다. 그런데 가지고 있는 큐브를 꼭 이번 차례에 다 사용해야 하는 것이 아니므로, 내게 필요한 만큼 적절한 전략을 세워서 사용하는 게 유리합니다. 다음 차례에서 나머지가 0이 되도록 속도를 조절해서 이벤트 카드를 1장 가져오는 전략을 세우거나, 현재 나눗셈 카드 9를 가지고 있다면 다음 차례에 나머지가 8이 되도록 속도를 조절해서 큐브를 최대한 많이 확보하는 전략을 세울 수 있지요. 혹은 다음 차례에 이동했을 때 속도 올리기나 전진하기 등 유리한 칸에 도착하도록 몫의 크기를 조절하는 전략을 세울 수도 있고요.

② 속도계를 올리는 게 더 나을까, 이벤트 카드를 사용하는 게 더 나을까?

큐브 7개를 모으면 속도계 속도를 올리는 데 사용하거나 이벤트 카드 1장을 사용하는 데 쓸 수 있어요. 이벤트 카드에는 내 게임말 전진이나 상대방 게임말 후진, 상대방 한 번 쉬기 등 나에게 유리한 다양한 이벤트가 있어서 매번 어떤 전략이 유리할지 고민하면서 결정해 나가도록 도와줍니다. 특히 결승점이 얼마 남지 않았다면, 이미 속도계 속도가 많이 올라가 있을 가능성이 높아서, 이때에는 속도계를 올리는 것보다는 이벤트 카드를 사용하는 것이 유리할 때가 많아요. 이처럼 상황에 따라 다양한 전략을 세울 수 있습니다.

교과서 속으로

> **3학년 2학기** **2단원 나눗셈**
> 나머지가 있는 나눗셈을 알아볼까요 / (몇십)÷(몇)을 알아볼까요
> (몇십몇)÷(몇)을 알아볼까요 / 나머지가 있는 (몇십몇)÷(몇)을 알아볼까요

나눗셈은 초등학교 3학년에 처음 등장하는 연산입니다. 1학기에는 나누어떨어지는 나눗셈을, 2학기에는 몫과 나머지가 있는 나눗셈을 학습하지요. 몫, 나머지, 나누어떨어진다와 같은 수학 용어 및 개념을 익히고, (두 자리 수)÷(한 자리 수), (세 자리 수)÷(한 자리 수)를 계산하며 곱셈식을 통해 계산 과정을 확인하면서 곱셈의 역연산으로서의 나눗셈 의미도 익힙니다. 세로셈이라는 나눗셈의 절차적 방법을 학습하기 전에 〈셈셈눈썰매장〉을 통해 곱셈의 역연산으로서

의 나눗셈 의미를 충분히 다루어 본 아이는 나눗셈 개념을 풍성하게 쌓을 수 있을 거예요.

또 어떤 게임이 있을까?

〈셈셈피자가게〉로 덧셈과 뺄셈을, 〈셈셈테니스〉로 곱셈을, 〈셈셈눈 썰매장〉으로 나눗셈을, 〈셈셈롤러코스터〉로 혼합계산을 연습할 수 있어요. 우진이의 경우 자연스럽게 구구단과 곱셈을 익혀서 〈셈셈테 니스〉는 해보지 않았지만, 그 외 모든 셈셈시리즈를 구입해서 충분 히 많이 즐겼답니다.

또, 주어진 문제를 정확히 계산하는 연습뿐 아니라, 수와 연산을 적 당히 사용해서 목표수를 만드는 일명 문제 만들기 활동은 수학적 사고력을 기를 수 있는 아주 좋은 방법이에요. 〈자석달팽이 우주여 행〉과 〈셈셈롤러코스터〉, 〈파라오코드〉는 이런 활동에 딱 맞는 보드 게임이지요.

자석달팽이 우주여행

기본적으로 주사위를 던져 목표 지점에 도달하는 방식의 게임인데, 아이들 연 령이나 수준에 따라 다양한 방식으로 즐길 수 있다는 장점이 있어요. 일반미 션카드 대신 수연산미션카드를 사용할 때는 세 개의 수와 사칙연산

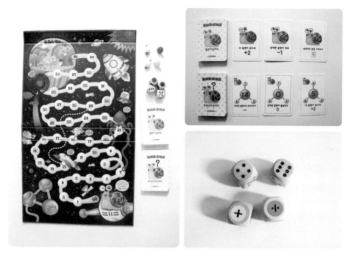

을 이용해서 목표수를 만들 수 있어야 해요. 또, 덧셈 뺄셈 주사위와 사칙연산 주사위가 들어 있어 아이들 수준에 따라 적절히 선택하면 됩니다. 유아에서 초등학교 고학년 아이들까지 즐길 수 있는 단계별 게임 방법이 설명서에 자세히 소개되어 있어요.

셈셈롤러코스터

목표 지점인 30에 가장 빨리 도착하는 사람이 이기는 게임으로, 사칙연산과 소괄호, 중괄호를 이용해 목표수를 만들어 내야 합니다. 예를 들어, 127쪽 우측 상단 그림과 같이 9÷1+4-2라는 식을 만들면 게임판 위의 11이 적혀 있는 타일을 가져올 수 있어요. 사용한 수 카드가 4개이므로, 다양한 미션이 적혀 있는 롤러코스터 카드를 4장

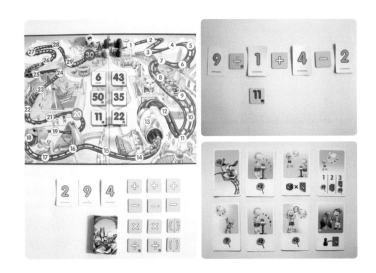

가져와 해당하는 미션을 수행합니다. 여기에 11이 적혀 있는 타일 보너스 2점, 나눗셈 기호 보너스 1점까지 3칸을 더 전진할 수 있어요. 특히, 소수(素數, prime number)로 이루어진 타일에 보너스 2점이 적혀 있어 덤으로 소수 개념도 익힐 수 있지요.

파라오코드

〈파라오코드〉에는 팔면체, 십면체, 십이면체 주사위가 각각 하나씩 들어 있어요. 이 세 개의 주사위를 던져 나온 수 2개 또는 3개와 사칙연산을 이용하여 게임판의 목표수를 만들어야 합니다. 각 수 카드 뒤에 그려져 있는 황금풍뎅이 개수가 가장 많은 사람이 이기는 게임인데, 피라미드의 높은 층에 있는 카드일수록 황금풍뎅이 개수가 많아요. 예를

들어 5, 10, 7이 나왔다면 $7 \times 10 = 70$, $5 \times 7 - 10 = 25$를 만들 수 있지만,
더 위층에 있는 70을 가져와야 하겠죠.

단위 파악과 거스름돈
계산을 동시에,
연산과 경제개념
두 마리 토끼를 잡는

브레드마블

🔍 게임 시간 **20~45분**

🔍 추천 연령 **6~9세**

🔍 게임 효과 **단위 개념 / 큰 수의 뺄셈 / 경제 개념**

🔍 주요 구성품 **게임판, 브레드찬스 카드, 돈, 주사위 2개**

    부루마블 게임을 해보셨나요? 보드게임이 지금처럼 많지 않던 우리 부모님들의 어린 시절, 아이들 마음을 사로잡았던 정말 인기 많은 게임이었지요. 세계여행을 하면서 각 나라와 수도까지 덤으로 익힐 수 있는 부루마블도 참 좋지만, 아직 우리 아이에게 좀 어려울 것 같다면 〈브레드마블〉을 추천해요. 애니메이션 브레드이발소의 캐릭터들을 소재로 좀 더 간단하고 아기자기하게 만들어진 게임이거든요. 할머니, 할아버지께서 생일 선물로 사 주신 〈브레드마블〉은 우진이에게 가장 사랑받은 보드게임 중 하나랍니다. 내가 가진 돈을 주고 물건을 살 수 있다는 인식과 함께 사고파는 행위, 투자 행위 등 다양한 경제 개념까지 익힐 수 있는 〈브레드마블〉에 빠져 보실래요?

게임 방법

1 각자 캐릭터 하나를 선택하고, 5만 원씩 나눠 갖습니다.

CHECK 만 원짜리 4장, 오천 원짜리 1장, 천 원짜리 4장, 오백 원짜리 1장, 백 원짜리 5장을 가지고 합이 5만 원이 되는지 아이와 함께 확인해 보세요.

2 주사위 두 개를 던져 나오는 눈의 수의 합만큼 이동합니다.

CHECK 주사위 한 면에는 6 대신 그림이 있어요. ×1000과 3이 나오면 3000원을 은행에서 받고, 캐릭터가 나오면 브레드찬스 카드를 사용해요. 두 개 모두 그림이 나오면 원하는 칸으로 이동할 수 있어요.

3 비어 있는 칸에 도착하면 디저트를 구입하여 칩을 놓고, 다른 사람의 디저트 칸에 도착하면 해당 금액을 지불합니다.

CHECK 같은 종류의 디저트 두 칸을 모두 구입하면 큰 칩으로 바꿀 수 있고, 다른 사람이 도착했을 때 더 큰 금액을 받을 수 있어요.

더 재미있게 즐기자

❶ 브레드찬스 활용하기

브레드찬스 칸에 도착하거나 파란색 주사위에서 그림이 나오면 브레드찬스 카드를 쓸 수 있어요. 이 카드에는 비어 있는 디저트 칸에 공짜로 토큰 놓기, 강제교환, 상부상조, 순간 이동, 행운의 주사위와 같이 재미있는 내용들이 들어 있어 게임의 흥미를 더해 줍니다.

❷ 실전으로 즐기기

브레드마블 게임을 통해 돈 계산에 익숙해졌으면 이제 실전에 돌입해 봅니다. 편의점에 가서 햄버거젤리 사 먹던 우진이 이야기 기억하시나요? 바로 브레드마블 덕분입니다. 게임에서 사용하는 돈의 단위가 우리가 실제 사용하는 돈의 단위와 같아서 바로 실전으로 연결할 수 있어요. 게임에서 얻은 지식을 바탕으로 실전에서 연습해 보고, 또 실전 연습의 뿌듯함을 바탕으로 게임이 더욱 재미있어지는 선순환 효과를 경험할 수 있답니다.

❸ 뒷면으로 즐기기

〈브레드마블〉은 게임판의 뒷면 활용도 빼놓지 않아요. 뒷면을 이용해서 윷놀이를 변형한 '스피드 윷놀이'라는 게임을 할 수 있지요. 윷놀이보다 규칙이 간단해서 아이들과 즐기기에 좋더라고요. 게임방법이 적혀 있으니 아이가 직접 읽어 보도록 하는 것도 좋은 방법입니다.

❶ 다양한 접근을 통한 구조적 뺄셈

◦ 3400원을 내는 다른 방법에는 또 뭐가 있을까?

어떤 디저트 칸에 도착해서 3400원을 내야 하는 상황이 있다고 가정해 봅시다. 그럼 어떻게 돈을 내야 할까요? 당연히 1000원짜리 3장과 100원짜리 4장을 내면 되겠지요. 그런데 100원짜리가 없다면요? 3500원을 내고 100원을 거슬러 받거나 4000원을 내고 600원을 거슬러 받을 수 있어요. 혹시 1000원짜리가 없다면요? 5000원을 내고 1600원을 거슬러 받으면 됩니다. 또 다른 방법은 없을까요? 아주 다양하죠. 5400원을 내고 2000원을 거슬러 받는 방법, 10000원을 내고 6600원을 거슬러 받는 방법, 10400원을 내고 7000원을 거슬러 받는 방법도 있고요. 정말 다양하죠? 인위적으로 질문하기보다는 자연스럽게 특정 상황에 따라 돈을 내는 방법을 터득할 수 있도록 유도해 주세요. 단순히 기계적으로 계산을 반복하는 것이 아니라, 연산을 다양한 각도에서 구조적으로 파악하는 힘을 기르게 해 준답니다.

❷ 단위 개념을 바탕으로 한 수 세기

◦ 돈이 얼마 남았는지 세어 볼까?

게임이 다 끝나고 각자 남은 돈을 세어 승부를 가리게 됩니다. 이때,

아이에게 돈을 세어 달라고 부탁합니다. 만 원짜리부터 오천 원짜리, 천 원짜리, 오백 원짜리, 백 원짜리 순서로 세어야 체계적으로 잘 셀 수 있지요. 또, 49000원 다음에 50000이 된다거나 50900원 다음에 51000원이 된다는 개념도 함께 익힐 수 있어요. 돈을 다 세고 난 후에는 누가 이겼는지 말해 보도록 합니다. 더 나아가 뺄셈이 가능한 아이에게는 얼마만큼 이겼는지, 즉 차이가 얼마인지까지 물어볼 수 있어요.

한 걸 음 — 더 곱셈의 기초 다지기

```
10000×1=10000
5000×2=10000
1000×10=10000
500×20=10000
100×100=10000
```

∘ **10000원을 만들려면 어떻게 해야 할까?**

100원, 500원, 1000원, 5000원, 10000원짜리 돈을 이용해서 10000원을 만들려면 어떻게 해야 할까요? 가능한 모든 방법을 알아봅니다. 10000원짜리 1장, 5000원짜리 2장, 1000원짜리 10장, 500원짜리 20장, 100원짜리 100장이 필요하네요. 이를 수학적으로 표현해 볼까요? 각각 10000×1=10000, 5000×2=10000, 1000×10=10000, 500×20=10000, 100×100=10000과 같이 나타낼 수 있습니다. 곱셈의 의미를 어렴풋하게나마 익혀 보는 경험을 해볼 수 있어요.

> **2학년 2학기** **1단원 네 자리 수**
>
> 100이 10개인 수를 알아볼까요 / 3000을 알아볼까요
>
> 네 자리 수를 알아볼까요 / 각 자리의 숫자는 얼마를 나타낼까요
>
> 뛰어 세어 볼까요 / 어느 수가 더 클까요

2학년이 되면 점차 큰 수를 익히게 됩니다. 2학년 1학기에는 세 자리 수, 2학기에는 네 자리 수를 다루며, 큰 수들을 뛰어서 세어 보거나 두 수의 크기를 비교하는 활동이 있어요. 〈브레드마블〉을 통해 백, 천, 만과 같은 단위 개념을 기초로 큰 수를 읽고 쓸 수 있는 것은 물론, 마지막에 돈 계산을 하면서 15100원, 15200원, 15300원…과 같이 뛰어서 세기, 승부를 내기 위해 누가 더 큰 금액인지 비교하기 등을 모두 해 볼 수 있습니다.

도형과 공간에 대한 감각을 길러요

　수학의 거대한 두 축은 대수와 기하입니다. 초등학교에서는 크게 수와 연산 영역과 도형 영역으로 나뉘지요. 수를 중심으로 다루는 연산만큼이나 도형 영역도 매우 중요하며, 고등학교에서는 도형의 방정식이라는 이름으로 대수와 기하가 통합되기도 합니다.

　특히 유아기나 초등학교 시절은 구체물을 통해 도형에 대한 감각을 기르는 시기입니다. 평면도형뿐 아니라 입체도형까지도 보드게임을 통해 다루어 볼 수 있어요. 여기서는 다양한 도형들을 직접 만져보며 도형 및 공간 감각을 기를 수 있는 보드게임들을 소개할게요.

다양한 수준의 아이들이
함께 즐길 수 있는
퍼즐놀이

우봉고

🔍 게임 시간 **10~20분**

🔍 추천 연령 **3~9세**

🔍 게임 효과 **회전, 대칭이동 / 도형 감각 / 문제해결능력**

🔍 주요 구성품 **12개의 퍼즐 조각 4세트, 퍼즐판 36개, 주사위, 보석, 모래시계**

　〈우봉고〉는 우진이가 두 돌도 되기 전에 사 주었던 찐남매네 첫 보드게임이에요. 퍼즐 맞추기를 워낙 좋아하는지라 구입했는데 구입하고 보니 게임 연령이 만 8세 이상으로 되어 있더라고요. 일단은 장난감처럼 가지고 놀도록 무작정 던져 주었어요. 그 결과 만 2~3세 시절, 〈우봉고〉로 신나게 즐기며 놀았답니다. 또, 수준에 따라 퍼즐 조각 3개로 채우는 면과 4개로 채우는 면을 선택할 수 있어서 어른과 아이 또는 형제자매들이 함께 즐길 수 있어요. 숫자를 몰라도, 한글을 몰라도 이리저리 돌려 보며 도형에 대한 흥미와 이해력을 높일수 있는 최고의 보드게임, 〈우봉고〉로 놀아 볼까요?

게임 방법

1 각자 12개의 퍼즐 조각 세트, 1개의 퍼즐판을 받습니다.

CHECK 퍼즐 조각 3개로 채우는 면과 4개로 채우는 면 중 어느 것으로 할지 각자 수준에 따라 선택해요.

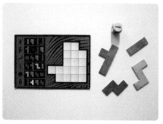

2 주사위를 굴려 나오는 모양에 해당하는 퍼즐 조각을 이용하여 자신의 퍼즐판에 꼭 맞게 채워 줍니다.

CHECK 퍼즐이 바깥으로 튀어 나와도, 빈 칸이 있어도 안 돼요.

3 제일 먼저 채운 사람은 큰소리로 '우봉고!'를 외칩니다.

CHECK 퍼즐 조각을 돌리거나 뒤집어도 돼요.

더 재미있게 즐기자

❶ 2세부터 즐기기

찐남매네는 〈우봉고〉를 두 돌 때부터 시작했습니다. 두 돌 수준에 맞게 변형해서 놀아 보세요. 다음처럼 단계를 조금씩 높여 가며 질문할 수 있습니다.

단계 1 세 조각 퍼즐판에서 특정 그림에 맞는 퍼즐 조각들 가져오라고 하기

단계 2 두 조각은 어른들이 맞추어 놓고, 나머지 빈 칸에 한 조각을 맞춰 보라고 하기

단계 3 한 조각만 어른들이 맞추어 놓고, 나머지 빈 칸에 두 조각을 맞춰 보라고 하기

❷ **주사위 그림 이름 붙이기**

주사위에는 다양한 그림들이 그려져 있어요. 아이와 함께 이 그림들에 이름을 붙여 주세요. 찐남매네 집에서는 순서대로 사슴, 창과 방패, 코끼리, 뱀, 손, 매미라고 마음대로 이름을 붙여 주었답니다.

❸ **협동 놀이로 즐기기**

형제자매가 서로 경쟁하지 않고 협력하는 경험을 시켜 주고 싶다면, 혹은 아이 친구들과 여러 명이 함께 협동 놀이로 즐기고 싶다면, 우봉고를 외칠 때마다 스티커를 붙여 하나의 스티커판을 완성하는 활동을 해보세요. 아이들의 열렬한 참여를 이끌어 낼 수 있습니다.

❹ **보석으로 즐기기**

〈우봉고〉에서는 게임 한 판이 끝날 때마다 보석을 가져온 후 보석 점수 총합으로 승패를 결정하는 것이 원래 규칙이지만, 찐남매네는 아직 아이들이 어려 잘 활용하지는 않았어요. 하지만 덧셈과 곱셈 계산이 가능한 초등학생인 경우 보석으로 즐기면 훨씬 더 흥미진진하게 게임을 진행할 수 있어요.

수학적 효과를 Up시키는 게임 진행 발문 Tip

❶ 문제해결을 위한 사고 연습
◦ 큰 퍼즐 조각부터 어디에 놓으면 좋을지 고민해 볼까?

이리저리 궁리해도 좀처럼 퍼즐을 맞추지 못하면 가장 큰 조각이 놓일 위치부터 찾는 것이 한 가지 힌트가 될 수 있어요. 가장 큰 조각이 무엇인지 물어보고, 그 조각을 어디에 놓으면 좋을지 생각해 보는 기회를 주세요.

❷ 회전, 대칭 이동
◦ 이 조각들 중에서 뒤집으면 모양이 달라지는 조각은 어떤 걸까?

퍼즐 조각 중에는 뒤집었을 때 모양이 달라지는 조각이 있어요. 예를 들면, 앞의 그림의 노란색 퍼즐은 뒤집어도 달라지지 않지만, 연두색 퍼즐은 뒤집으면 달라지기 때문에 잘 안 될 때는 뒤집어서도 생각해 보도록 유도해 주세요.

한 걸 음 ─ 더 논리적 수 세기 연습

◦ 가능한 펜토미노[4]는 총 몇 가지일까?

〈우봉고〉에서 사용하는 퍼즐 조각은 도미노 1개, 트리오미노 2개, 테트라미노 5개, 펜토미노 4개로 이루어져 있어요. 회전, 대칭 이동해서 같은 모양이 되는 두 도형은 같은 것으로 생각할 때, 실제로 각각의 도형을 만들 수 있는 개수는 도미노 1개, 트리오미노 2개, 테트라미노 5개, 펜토미노 12개입니다. 〈우봉고〉에서 사용되지 않는 8개의 펜토미노를 더 찾아 보세요. 어떤 규칙으로 찾아야 빠뜨리지 않고 모두 찾을 수 있는지도 이야기 나누며 찾아 본다면 더 좋겠죠?

교과서 속으로

> **2학년 1학기** **2단원 여러 가지 도형**
> 칠교판으로 모양을 만들어 볼까요

---

4   정사각형을 이어 붙여 만든 새로운 도형을 폴리오미노라고 합니다. 이어 붙인 정사각형 개수에 따라 1개는 모노미노, 2개는 도미노, 3개는 트리오미노, 4개는 테트라미노, 5개는 펜토미노라고 하지요. 우리가 잘 아는 테트리스 게임의 이름은 바로 테트라미노 도형을 이용한 데서 유래한 것이랍니다.

4학년 1학기 **4단원 평면도형의 이동**

도형을 밀어 보고 변화를 알아볼까요 / 도형을 뒤집어 보고 변화를 알아볼

까요 / 도형을 돌려 보고 변화를 알아볼까요

퍼즐 조각을 이용한 모양 만들기와 관련된 용어들은 칠교놀이, 탱그램, 테셀레이션 등 여러 가지가 있어요. 특히 삼각형, 사각형으로 이루어진 7개 조각들로 여러 가지 모양을 표현하는 칠교놀이는 유아 수학 교구로 인기가 많으며, 초등학교 2학년 1학기 교과서에도 소개되어 있지요. 4학년 1학기 '평면도형의 이동' 단원에서는 고등학교에서 평행이동, 대칭이동, 회전이동으로 이어지는 도형의 이동을 다룹니다. 〈우봉고〉의 퍼즐 조각들을 이리저리 돌리고 뒤집어 보면서 자연스럽게 회전, 대칭 개념을 터득할 수 있어요.

또 어떤 게임이 있을까?

우봉고 3D

〈우봉고〉를 충분히 즐겼다면, 이제는 〈우봉고 3D〉에 도전해 보세요. 손으로 이리 돌려 보고 저리 돌려 보면서 입체도형을 다루어 보는 경험을 할 수 있지요. 2차원 세계에서 3차원 세계로 넘어가는 과정이 만만치 않음을 느끼게 될 거예요.

〈우봉고 3D〉는 주어진 입체 퍼즐 조각으로 2층을 꽉 채우는 것을 목표로 합니다. 〈우봉고〉와 마찬가지로 카드 색상에 따라 난이도가 다양해서 자신의 수준에 맞게 선택할 수 있어 온 가족이 함께 즐길 수 있어요. 처음에는 상당히 어렵게 느껴질 수도 있지만, 자꾸 하다 보면 실력이 늘며 공간도형에 대한 감각을 기를 수 있습니다. 우진이도 처음엔 가장 쉬운 단계인 초록색 퍼즐도 어려워하더니, 이제는 가장 어려운 단계인 빨간색 퍼즐도 척척 완성하게 되었지요.

혼자서 즐기는 퍼즐 게임,
단계별로 해결하면서
성취감을 높이는

코잉스

🔍 게임 시간 5~15분

🔍 추천 연령 3~9세

🔍 게임 효과 논리적 사고력, 도형의 이동, 문제해결능력

🔍 주요 구성품 색상 블록 9개, 양면 미션 카드 19장(총 38단계)

부모님과 아이들이 함께 보드게임을 즐기면 좋지만, 때로는 부모님도 집안일 하느라 바쁠 때도, 조금은 쉬고 싶을 때도 있기 마련이죠. 그럴 때 아주 딱 좋은 혼자서도 즐길 수 있는 보드게임 〈코잉스〉를 소개합니다.

〈코잉스〉는 1단계에서 38단계까지의 미션 카드에 규칙에 따라 색상 블록들을 맞추는 게임인데요, 블록의 구멍 사이로 귀여운 캐릭터 코잉스가 보이도록 하는 것이 핵심입니다. 단계가 올라감에 따라 난이도가 상당히 높아져서 마지막 카드는 어른들이 하기에도 꽤 도전적이에요. 〈스도쿠〉, 〈네모네모로직〉과 같이 퍼즐 게임을 좋아하는 아이라면 틀림없이 흥미를 보일 거예요.

게임 방법

1 도전하고 싶은 미션 카드를 골라 상자 안에 올려 둡니다.

CHECK 번호가 커질수록 난이도가 올라가므로 아이 수준에 맞게 적절한 카드를 선택해 주세요.

2 블록을 코잉스 색에 맞게 놓되, 블록의 구멍 사이로 코잉스가 보이게 합니다.

CHECK 코잉스란 미션 카드에 그려져 있는 귀엽고 다양한 몬스터 캐릭터를 의미해요.

3 어려운 단계에서 등장하는 회색 코잉스는 어떤 색의 블록을 놓아도 상관없습니다.

CHECK 단계가 높아질수록 회색 코잉스가 늘어나고, 마지막 단계는 모든 코잉스가 회색이에요.

더 재미있게 즐기자

❶ 2세부터 즐기기

색상 블록들은 어린아이들이 손으로 잡기에 딱 좋은 적당한 크기로 이루어져 있어요. 아직 논리적 사고를 하기 어려운 아이들이 장난 감처럼 가지고 놀기에도 좋지요. 빨강, 파랑, 노랑, 초록, 보라의 선명한 색으로 이루어진 블록들을 가지고 색상 공부도 해볼 수 있고요. 1, 2번 단계 미션 카드에는 색도 칠해져 있어서 같은 색상 블록을 올려놓기만 하면 되기에 충분히 도전해 볼 만하답니다.

❷ 다양한 버전으로 즐기기

〈코잉스 스페이스〉, 〈코잉스 패밀리〉와 같이 다양한 코잉스 시리즈가 있어요. 〈코잉스 스페이스〉는 난이도가 높기 때문에 〈코잉스〉를 충분히 즐긴 후 다음 단계로 도전해 보거나 초등학생인 경우에 도전해 보세요. 또 2인 게임으로 즐기고 싶다면 중간에 칸막이를 설치하고 경쟁 체제로 즐길 수 있는 〈코잉스 패밀리〉를 선택하면 됩니다.

수학적 효과를 Up시키는 게임 진행 발문 Tip

❶ 회전, 대칭이동

◦ 잘 안 되면 돌리거나 뒤집어 보면 어떨까?

앞에서 비고츠키의 근접발달이론에 대해 언급한 바 있습니다. 아이들 혼자서는 해결하기 어려운 부분을 부모님께서 적절한 발문을 통해 성공하도록 도와줄 수 있는데요. 〈코잉스〉를 할 때도 마찬가지입니다. 아이들에게 블록을 돌리는 행위 즉 회전이동은 쉽게 생각할 수 있는 활동이지만, 블록을 뒤집는 행위 즉 대칭이동은 상당히 어려운 조작 활동입니다. 이럴 때 뒤집어서 생각할 수도 있다는 아이디어를 살짝 언급해 주기만 하면, 아이들 스스로 성공 경험을 하도록 도와줄 수 있지요.

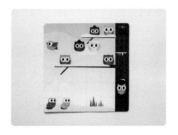

❷ 논리적 사고

∘ **코잉스가 많이 몰려 있는 쪽을 먼저 생각해 보면 어때?**

단계가 높아질수록 어른들에게도 상당히 어려운 난이도이므로 보다 체계적이고 논리적인 사고를 필요로 합니다. 따라서 무작정 맞추며 우연에 기대는 것이 아니라, 어떤 전략을 세워 시도하면 좋을지 고민해 볼 수 있어요. 예를 들어 위 사진처럼 24번 미션 카드를 해결한다면 어떤 블록부터 시도해 보는 것이 좋을까요?

블록으로 코잉스들을 가리면 안 되기 때문에 코잉스가 몰려 있는 부분에서는 선택 가능한 영역이 줄어들어 이 부분을 공략하는 것이 좋습니다. 즉, 오른쪽 상단 부분 맞추기를 먼저 시도하는 것이죠. 특히 보라색 블록은 구멍이 두 개 뚫려 있는 유일한 블록이기에 먼저 이 블록의 위치를 정해 보는 전략도 가능할 수 있고요. 이처럼 퍼즐놀이의 핵심은 공략하기 쉬운 우선순위를 논리적으로 정하는 데 있습니다.

한 걸 음 ─ 더 문제 만들기

∘ **나만의 코잉스 문제를 만들어 볼까?**

문제 만들기 활동은 창의적, 논리적 사고력을 기르는 데 매우 좋지만, 상당히 깊은 사고력을 필요로 하기 때문에 아이들 입장에서 어려운 활동이기도 하죠. 그런데 문제를 만드는 행위가 늘 어렵지만은 않다는 것을 〈코잉스〉를 통해 경험해 볼 수 있어요. 어렵지 않으면서 스스로 만들었다는 성취감을 느끼게 할 수 있는 아주 좋은 기회입니다. 코잉스의 미션 카드와 같은 크기로 종이를 잘라 블록을 자유자재로 올려놓습니다. 그리고 구멍에 자신만의 표시를 하면 문제 만들기 끝. 코잉스 색까지 표시된 구멍이 적을수록 난이도가 올라가겠죠. 각자 문제를 만든 후 바꾸어 해결하는 게임을 시도해 보세요. 자신이 낸 문제를 풀려고 몰입하는 부모님 모습을 보는 것만으로도 아이들에게는 큰 경험과 배움의 기회가 됩니다.

교과서 속으로

> **4학년 1학기** **4단원 평면도형의 이동**
> 도형을 밀어 보고 변화를 알아볼까요 / 도형을 뒤집어 보고 변화를 알아볼까요 / 도형을 돌려 보고 변화를 알아볼까요

〈코잉스〉 역시 초등학교 4학년 1학기 '평면도형의 이동' 단원에서 다루는 내용과 밀접한 관련이 있습니다. 이 단원에서는 도형을 밀거나, 뒤집거나, 돌리면 어떤 변화가 있는지 탐구하는 활동을 하는데요. 〈코잉스〉를 하면서 도형을 이동해 보는 활동에 익숙해진 아이들은 이러한 개념을 보다 더 튼튼하게 구성할 수 있을 거예요. 특히 1단계에서 38단계까지 다양한 난이도의 미션 카드들을 차례로 도전하면서 문

제해결 능력을 키우고 성취감을 얻을 수 있도록 도와주세요.

또 어떤 게임이 있을까?

이번에는 틈틈이 즐길 수 있는 다양한 퍼즐 게임을 소개합니다. 〈스도쿠〉나 〈네모네모로직〉은 워낙 전 세계적으로 인기가 많은 게임이라 여러 책들뿐 아니라 온라인으로도 즐길 수 있어요. 다양한 웹사이트나 앱에서 직접 즐기거나 다운로드받을 수도 있습니다.

스도쿠

우진이와 함께 서점에 갔다가 우연히 《어린이 스도쿠》라는 책을 사게 되었어요. 4×4부터 시작해서 6×6, 9×9 스도쿠까지 점점 난이도를 높여 가는 방식으로 구성되어 있어서 처음 스도쿠를 시작하는 아이들에게 참 좋더라고요.

네모네모로직

〈스도쿠〉와 〈네모네모로직〉은 퍼즐계의 양대 산맥이죠. 스도쿠와 넓이 퍼즐책을 좋아하는 우진이를 위해 《네모네모로직》 책도 구입해서 틈틈이 즐기고 있어요. 이 책 역시 단계별로 구성되어 있어 쉬운 수준부터 차례로 하기 좋아요.

아이스크림 트럭을
탈출시켜라
순차적 추론 능력
발달에 좋은

러시아워 주니어

🔍 게임 시간 **5~15분**

🔍 추천 연령 **3~10세**

🔍 게임 효과 **순차적 추론 능력 / 문제해결 능력 / 공간 지각력**

🔍 주요 구성품 **게임판, 문제 카드 40장, 아이스크림 트럭, 자동차 15개**

    복잡한 문제를 해결하기 위해서는 문제를 단계별로 나누어 차근차근 해결해 나가는 과정이 필요합니다. 일상생활에서의 문제를 해결할 때도, 수학 문제를 해결할 때도 마찬가지죠. 알록달록한 차들 속에 갇혀 있는 아이스크림 트럭을 출구로 탈출시키는 것이 목표인 〈러시아워〉 보드게임을 통해 이러한 문제해결 경험을 맛볼 수 있어요.

    난이도에 따라 유아들이라면 〈러시아워 주니어〉를, 초등학생 이상이라면 〈러시아워〉를 선택하면 좋아요. 좀 더 도전적으로는 〈러시아워 딜럭스〉 편도 있고요. 실제로 찐남매네는 〈러시아워〉를 구입했다가 너무 어려워 〈러시아워 주니어〉를 구입하여 재미있게 즐기고 있답니다. 여기서는 〈러시아워 주니어〉를 기준으로 소개합니다.

게임 방법

1 문제 카드 1장을 선택해 카드 그림에 나온 대로 자동차를 놓습니다.

CHECK 1~10번까지는 쉬움(easy), 11~20번까지는 보통(medium), 21~30번까지는 어려움(hard), 31~40번까지는 매우 어려움(super hard) 카드로 구성되어 있어요.

2 자동차를 앞뒤로 움직여 아이스크림 트럭이 출구로 나갈 수 있게 합니다.

CHECK 각 자동차는 앞뒤로만 움직일 수 있어요. 또, 문제 카드 뒤에는 해설이 적혀 있어서, 접근이 어려울 때는 해설을 참고할 수 있어요.

더 재미있게 즐기자

❶ 3세부터 즐기기

러시아워 문제를 해결하려면 먼저 게임판에 문제 카드 그림과 똑같이 자동차들을 올려놓아야 합니다. 이러한 활동을 하려면 각 위치를 정확하게 파악하는 능력을 갖추어야 하므로 3세 무렵 아이들에게는 이것만으로도 충분히 도전적이고 흥미를 유발시키지요. 의외로 좌표평면에 대한 개념을 구성할 수 있는 의미 있는 활동이랍니다. 또, 가장 쉬운 단계인 1~10단계의 문제 카드는 3~4세 아이들도 해결이 가능할 정도로 간단해서 예진이도 재미있게 즐기고 있어요. 사실 머리를 이용해 논리적으로 사고하여 결과물을 도출하기보다는, 손을 이용해 자동차들을 움직여 보다가 우연히 아이스크림 트럭을 탈출시키게 되는 것이지요. 어린 시절에는 이러한 조작 활동을 통해 시행착오를 겪으며 문제를 해결해 보는 경험이 매우 중요합니다.

❷ 수준별로 즐기기

난이도에 따라 〈러시아워 첫걸음〉, 〈러시아워 주니어〉, 〈러시아워〉, 〈러시아워 딜럭스〉 등 다양한 러시아워 시리즈가 있습니다. 또, 2인용 게임인 〈러시아워 쉬프트〉도 있고요. 확장팩이 따로 있어 추가로 게임 카드를 구입할 수도 있어요. 우리 아이 수준에 맞게 적절하게 선택해서 즐겨 보세요.

❸ 해설 이용하기

각 문제 카드 뒷면에는 해설이 적혀 있어요. 그런데 아이스크림 탈출 과정을 직접 영상으로 보여 주는 것이 아니라, 하나하나 순서가 적혀 있기 때문에 해설을 이해하는 것에도 상당한 집중력과 사고력을 필요로 합니다. 물론 직접 해결하는 것이 가장 좋겠지만, 정말 잘 안 풀릴 때에는 아이가 직접 해설을 읽어 힌트를 얻게 하는 것도 괜찮아요.

수학적 효과를 Up시키는 게임 진행 발문 Tip   □△○✕

❶ 순차적 추론

。이 자동차를 움직이려면 어떤 자동차를 움직여야 할까?

처음에는 아이들이 논리적으로 사고하면서 자동차를 움직이기보다는 손이 가는 대로 자동차를 움직입니다. 그러다 보면 다시 처음 상황으로 돌아가거나, 해결의 실마리가 보이지 않은 채 같은 동작을 반복하기도 하지요. 일단 이러한 과정을 스스로 거치도록 충분히 기다려 주는 것이 먼저입니다. 충분한 시간이 흐른 뒤에 아이가 부모님께 도움을 요청할 때, 특정 자동차를 움직이려면 다른 자동차를 어떻게 움직여야 할지 생각해 보라고 말해 주세요. 무작정 움직이는 것이 아닌, 논리에 따라서 순차적으로 움직여야 하는 이유를 조금씩 생각할 수 있도록 유도해 봅니다.

❷ 문제해결 능력, 통합적 사고력

。아이스크림 트럭이 빠져나가려면 출구 앞에 있는 이 자동차가 어디에 있어야 할까?

복잡한 문제를 해결하기 위해서는 좀 더 거시적으로 문제 핵심을 파악하는 능력도 필요합니다. 결국 큰 틀에서 봤을 때, 아이스크림 트럭이 빠져나가는 데 방해가 되는 것은 무엇인가?

라는 핵심을 파악해야 한다는 것이죠. 위의 그림 예시처럼 출구 쪽을 막고 있는 노란색 자동차는 반드시 아래쪽으로 옮겨야 아이스크림 트럭이 탈출 가능합니다. 바로 거기에서부터 문제해결 실마리를 풀어 갈 수 있도록 유도해 봅니다.

❸ 문제의 핵심 파악

∘ **문제 카드의 자동차 색과 똑같이 놓는 것이 중요할까?**

문제 카드의 자동차 배열과 똑같이 놓은 후 아이스크림 트럭을 탈출시키는 게 게임의 정석이지만, 곰곰이 생각해 보면 자동차 색은 이 문제를 해결하는 데 전혀 중요한 요소가 아님을 알 수 있어요. 문제를 결정하는 중요한 핵심 요소는 자동차 크기와 배열된 위치입니다. 이처럼 여러 문제가 복잡하게 얽혀 있을 때, 중요한 것과 그렇지 않은 것을 구별해 내는 능력은 문제의 핵심을 파악하는 데 큰 도움이 됩니다.

한걸음ㅡ더 반성적 사고

∘ **방금 성공한 거 다시 한 번 해볼까?**

유명한 수학 교육학자 조지 폴리아(George Polya, 1887~1985)는 그의 저서 《어떻게 문제를 풀 것인가(How to solve it)》에서 문제해결 과정을 문제이해, 계획 작성, 계획 실행, 반성의 4단계로 제시했습니다. 특히 완성된 풀이 과정을 검토해 보고, 그 결과와 결과에 이르는 과정을 재점검해 보는 단계인 마지막 반성을 문제해결 능력을 발달시키는 매우 중요한 단계라고 했지요. 알파고와의 대결로 유명했던 이세돌 바둑 기사도 바둑 경기 후 복기를 엄청 중요하게 여겼다고 합니다. 바둑에서의 복기가 곧 폴리아가 말한 반성 과정인 셈입니다.

〈러시아워〉는 이러한 반성 과정을 자연스럽게 적용시키기 좋은 보드게임입니다. 아이스크림 트럭을 탈출시키기 위해 요리조리 자동차들을 움직이다 보면 어느 순간 '짠' 하고 탈출할 때가 있습니다. 사실 자신도 모르는 사이에 문제를 해결해 버린 것이죠. 이럴 때는 먼저 성공의 기쁨을 함께한 후, 다시 한 번 해볼 수 있도록 질문해 보세요. 분명 아까 성공했는데 다시 하니 잘 안 된다면, 어떻게 해야 성공할 수 있을지 처음보다 논리적으로 접근하며 고민하게 됩니다. 성공 여부라는 결과보다는 성공에 이르는 과정에 주목하게 된다는 점에서도 의미 있는 활동입니다.

교과서 속으로

순차적 추론 능력과 문제해결 능력을 기르는 〈러시아워〉는 초등학교 교육과정의 특정 단원에서 학습내용 요소를 찾을 수는 없습니다.

'논리' 자체를 학습 대상으로 삼는 것은 고등학교의 집합과 명제 단원에서 다루고 있지요. 문제 카드에 그려진 자동차와 똑같은 위치를 찾는 활동은 중학교 함수 단원에서 학습하는 좌표평면 개념을 담고 있기도 합니다. 또, 빈 곳과 채워진 곳을 파악하며 자동차들의 위치를 살펴보면서 공간 지각 능력을 기를 수 있어요. 우리가 수학 활동을 하는 본질이 논리적 사고를 바탕으로 한 문제해결 능력을 키우는 것이라고 할 때 〈러시아워〉는 전체 영역을 모두 아우르는, 수학적 사고력을 발달시키는 게임이라고 할 수 있습니다.

단 하나의 규칙으로
무한한 전략,
흥미진진 땅따먹기 게임

블로커스

🔍 게임 시간 **20~30분**

🔍 추천 연령 **6세 이상**

🔍 게임 효과 **도형에 대한 이해 / 공간 지각력 / 전략적 사고**

🔍 주요 구성품 **게임판, 4가지 색의 블록 조각 84개(빨강, 파랑, 노랑, 초록 각 21개)**

　어릴 적 놀이터에서 돌멩이 하나 들고 친구들과 땅따먹기 하던 추억이 있으신가요? 자신의 돌멩이를 손가락으로 튕겨서 세 번 만에 다시 돌아오면 내 땅이 되는, 저에게는 참 즐거운 기억으로 남아 있는데 요즘에는 사라진 놀이이지요. 흥미진진 땅따먹기를 게임으로 구현해 낸 〈블로커스〉는 2003년 멘사셀렉트에 선정된 게임이기도 합니다. 다양한 폴리오미노 조각들을 이용해 자신의 조각들을 최대한 많이 올려 두는 과정에서 공간 지각 능력과 논리적 추론 능력을 발달시킬 수 있어요. 규칙은 쉽고 간단한데, 전략은 무한대로 세울 수 있어 상당히 매력적인 게임이에요. 온 가족이 함께 둘러앉아 〈블로커스〉 게임 한 판 해보실까요?

게임 방법

1 각자 고른 색의 블록 조각을 모두 가져온 후, 순서를 정해 차례로 자신의 블록을 하나씩 놓습니다.

CHECK 맨 첫 번째 차례에서는 게임판 모서리에 자기 블록 조각이 맞닿도록 놓아야 해요.

2 자기 차례가 되면 블록 조각 1개를 게임판 위에 놓습니다. 이때 자기 블록 조각끼리는 서로 꼭짓점만 맞닿아야 합니다.

CHECK 다른 사람의 블록 조각과는 어떻게 닿아도 상관없어요.

3 블록 조각을 게임판 위에 더 이상 놓을 수 없게 되면 게임이 종료됩니다.

CHECK 남은 블록 조각의 네모 칸 수가 가장 적은 사람이 승리해요.

더 재미있게 즐기자

❶ 폴리오미노 이름 알아보기

〈블로커스〉에 들어 있는 블록들은 정사각형을 이어 붙여 만든 도형인 폴리오미노라고 해요. 이어 붙이는 정사각형 개수에 따라 1개는 모노미노, 2개는 도미노, 3개는 트리오미노, 4개는 테트라미노, 5개는 펜토미노라고 하지요. 돌리거나 뒤집어서 같은 것은 하나로 생각할 때 모노미노, 도미노는 각각 1개, 트리오미노는 2개, 테트라미노는 5개, 펜토미노는 12개가 있어요. 그래서 〈블로커스〉에는 총 21조각이 들어 있답니다. 꼭 게임을 진행하지 않더라도 폴리오미노 조각들도 알아보고, 이 조각들을 이용해 다양한 작품도 만들어 보세요.

❷ 2~3명이 즐기기

〈블로커스〉는 기본적으로 4인 게임입니다. 4명이 각자 다른 색의 블록을 가지고 게임판 코너에서부터 퍼즐을 놓는 게임이지요. 하지만 2명이나 3명이 즐기고 싶을 때는 적당한 변형이 가능한데요. 2명이 하는 경우, 퍼즐 색을 각자 2종류씩 골라서 4인 게임과 같은 규칙으로 진행하거나 게임판의 반만 사용해서 즐길 수 있습니다. 3명이 하는 경우는 남는 색의 블록은 일명 깍두기 역할을 하며 그 조각을 놓을 차례가 될 때마다 한 사람씩 돌아가며 대신 놓습니다.

수학적 효과를 Up시키는 게임 진행 발문 Tip   □△✕○

----

❶ 도형의 크기, 넓이

∘ **어떤 블록 조각을 먼저 두는 게 좋을까?**

대부분의 경우 4칸짜리 블록보다는 5칸짜리 블록이 더 놓기 어렵습니다. 따라서 게임 초반에는 가능한 한 커다란 퍼즐 조각인 5칸짜리 블록을 먼저 두는 게 좋겠죠. 또, 가급적 빨리 중앙으로 진출해야 뻗어 나갈 수 있는 더 많은 영역을 확보하므로 멀리 나갈 수 있는 블록을 선택하는 것이 유리합니다.

이러한 질문들을 생각해 보는 과정에서 서로 다른 크기의 도형을 구분하면서 자연스럽게 넓이 개념을 획득할 수 있으며, 공간을 감각적으로 체득하게 됩니다.

❷ 전략적 사고

∘ **내 블록 조각을 최대한 많이 놓으려면 전략을 어떻게 세워야 할까?**

가능한 더 많은 블록 조각을 올려놓기 위해서는 나는 더 많은 칸을 차지하고, 상대방은 큰 조각을 사용하기 어렵도록 공간을 제약해야 합니다. 따라서 자신의 블록 조각을 놓을 수 없는 공간은 가능한 한 좁게 만들거나, 새로운 조각이 놓일 수 있는 꼭짓점 수가 최대한 많도록 하거나, 상대방의 꼭짓점과 꼭짓점이 맞닿아 있는 곳을 공략하는 등 다양한 전략을 생각해 볼 수 있어요. 또, 자기 혼자 조각을 놓을 수 있는 곳은 나중에 사용하거나, 게임 후반부로 갈수록 작은 조각들을 새로운 영역으로 확장하는 도구로 활용할 수도 있고요. 내키는 대로 블록 조각을 올려놓는 것이 아닌, 자신만의 전략을 세워 보도록 이끌어 주는 과정에서 생각하는 힘도 많이 길러질 거예요.

◦ 정사각형 6개를 이어 붙인 도형의 이름은 무엇이고, 몇 종류가 있을까?

수학적 사고의 핵심 중 하나는 확장하고 일반화하는 활동입니다. 수학이라는 학문이 추구하는 본질이자 방향이기도 하죠. 〈블로커스〉를 통해 정사각형 5개를 이어 붙인 펜토미노까지 경험해 보았다면 자연스럽게 6개, 7개를 이어 붙인 도형들로 확장해 볼 수 있습니다. 정사각형 6개를 이어 붙인 도형은 헥소미노라고 부르며 종류는 35가지나 됩니다. 35가지를 모두 찾기 위해서는 어떠한 기준을 잡아서 찾으면 좋을지, 그 기준에 따라 어떠한 순서로 찾으면 좋을지 등 아이와 함께 대화하면서 생각의 힘을 기르고 사고의 폭을 넓혀 주세요.

교과서 속으로

> **4학년 1학기** **4단원 평면도형의 이동**
> 도형을 밀어 보고 변화를 알아볼까요 / 도형을 뒤집어 보고 변화를 알아볼까요 / 도형을 돌려 보고 변화를 알아볼까요
>
> **5학년 1학기** **6단원 다각형의 둘레와 넓이**
> 1㎠를 알 수 있어요 / 직사각형의 넓이를 구할 수 있어요

초등학교 4학년 1학기의 '평면도형의 이동' 단원에서는 도형을 뒤집거나 돌리며 대칭 이동, 회전 이동에 대한 초보적인 개념을 학습합니

다. 또, 5학년 1학기의 '다각형의 둘레와 넓이' 단원을 학습하기 위해서는 먼저 단위 넓이에 대한 개념을 알아야 합니다. 〈블로커스〉에 있는 폴리오미노 도형들은 정사각형 개수로 크기 비교를 하게 되면서 바로 이 단위 넓이 개념을 어렴풋이 익힐 수 있지요. 다양한 폴리오미노 조각들을 다루면서 도형에 대한 이해를 넓히고, 규칙에 맞게 공간을 활용하는 과정에서 공간 지각 능력이 향상되는 것은 물론이고요.

또 어떤 게임이 있을까?

스킵피티

내가 가진 조각들을 모두 없애야 하는 〈블로커스〉와 반대로, 게임판에 놓여 있는 스키퍼들을 최대한 많이 가져오는 〈스킵피티〉 게임입니다. 단순히 칩을 많이 모으는 게 아니라 스키퍼 세트를 완성해야 하기 때문에 더 많은 생각을 해야 하지요. 비슷한 보드게임으로 〈카멜레온〉이나 〈캐치더플라이〉도 있습니다.

〈스킵피티〉에서는 게임판에 있는 한 개의 스키퍼를 골라 점프하며 지나가는 스키퍼를 모두 가져옵니다. 가로, 세로 방향으로만 점프가 가능하며 연속해서 점프할 수 있어요. 빨강, 노랑, 주황, 초록, 보라 스키퍼 하나씩 모으면 1세트가 되고, 이 세트 개수가 가장 많은 사람이 승리합니다. 스킵피티 워크북도 같이 들어 있어서 보드게임 후 생각 활동으로 함께 해보기도 좋아요.

수학적 사고의 꽃, 논리력과 추론 능력을 길러요

이번 장에서 소개할 다양한 논리, 전략 보드게임들은 교육과정의 특정 단원과 직접적으로 연관은 없지만, 수학적 사고의 핵심인 논리적 사고력, 추론 능력을 기르는 데 큰 도움이 됩니다. 생각하는 힘을 기르는 것은 수학 활동의 본질이며 수학을 잘하기 위한 아주 기본적인 토양이 됩니다. 어릴 때부터 이런 경험이 쌓인다면 전 영역에서 자신감을 가지고, 생각하는 일을 즐기게 될 거예요.

〈다빈치코드〉는 논리적인 사고를 바탕으로 추론하는 능력을 기르는 데 매우 탁월한 게임이며, 세계적으로 유명한 〈루미큐브〉는 머릿속으로 다양한 시뮬레이션을 하며 두뇌 발달을 하도록 도와주는 게임이지요. 조건과 구조를 파악하는 〈세트(SET)〉, 다양한 전략을 구사하면서 흥미롭게 즐길 수 있는 〈젝스님트〉 또한 멘사셀렉트에도 선정될 정도로 수학적 사고 능력을 길러 주는 보드게임이랍니다.

상대방의
비밀 코드를 풀어라!
간단하고 재미있어
온 가족이 즐기는

다빈치코드

🔍 게임 시간 **10~15분**

🔍 추천 연령 **5세 이상**

🔍 게임 효과 **논리적 사고력 / 추론 능력 / 전략적 사고**

🔍 주요 구성품 **0부터 11까지 수가 적힌 타일 2세트(검은색, 흰색), 조커 타일 2개**

추리소설 〈다빈치코드〉를 아시나요? 엄청난 화제를 불러일으키며 영화화되기도 했던 이 작품을 정말 재미있게 읽었던 기억이 있어요. 추리 능력을 필요로 하는 보드게임 〈다빈치코드〉는 아마 이 추리소설 때문에 붙여진 이름이라 추측해 봅니다. 사실 일본의 알고(Algo)라는 게임이 미국으로 수출되면서 붙여진 이름이라고 해요. 소설 내용과는 상관없지만, 상대방의 비밀코드를 모두 알아내면 이길 수 있는 〈다빈치코드〉 보드게임 역시 전 세계적인 베스트셀러입니다. 구성이 간단해 나들이나 캠핑 갈 때 하나씩 챙겨 가면 온 가족이 함께 즐겁고 유쾌한 시간을 보낼 수 있어요. 〈다빈치코드〉를 통해 논리적 사고 능력, 추론 능력을 쑥쑥 길러 볼까요?

게임 방법

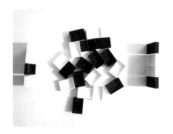

1 타일을 뒤집어 섞은 후 각자 네 개의 타일을 가져와 크기순으로 줄 세웁니다.

CHECK 색 선택은 아무거나 상관없어요. 다만, 같은 수의 타일을 두 개 뽑았을 경우 검은색, 흰색 순서로 놓아요. 조커 타일은 아무데나 놓을 수 있어요.

2 자기 차례에 타일 하나를 가져와 규칙대로 배열한 후, 상대방의 타일을 골라 수를 하나 부릅니다.

CHECK 상대방의 수를 맞히면 계속 맞히거나 패스를 할 수 있어요. 못 맞히면 이번 차례에 가져온 타일을 내려놓아요.

3 상대방의 타일을 모두 맞혀 내려놓게 하면 이깁니다.

CHECK 내가 말한 수뿐만 아니라 상대방이 말한 수도 잘 기억하면 많은 도움이 돼요.

더 재미있게 즐기자

❶ 2세부터 즐기기

0부터 11까지의 수가 적혀 있는 타일들이 들어 있기 때문에 어린아이들의 수 카드 놀이용으로 사용할 수 있어요. 우진이와 게임을 즐기고 있으면 예진이는 옆에서 수놀이 활동을 하곤 한답니다. 아직 논리적 사고는 할 수 없지만, 수를 크기순으로 나열해 보거나 상대방의 수 맞히기 활동 자체는 함께 즐길 수 있어요. 특히 0 타일이 들어 있어 0에 대한 개념을 생각해 보기에도 참 좋아요.

❷ 조커 타일 빼기

〈다빈치코드〉가 처음이거나 나이가 어린 경우에는 조커 타일 사용을 어렵게 느낄 수 있어요. 실제로 우진이 경우도 5세에 처음 접했기 때문에 처음에는 조커 타일을 제외하고 게임을 했지요. 게임 규칙에 어느 정도 익숙해지고 논리적으로 생각하는 연습이 충분히 되면 조금 더 난이도를 높이자고 이야기하면서 조커 타일을 추가해 보세요. 더욱 흥미를 가지며 집중하게 될 거예요.

수학적 효과를 Up시키는 게임 진행 발문 Tip

❶ 전략적 사고

○ 처음에는 어느 위치에 어떤 수를 말해 보는 게 좋을까?

수를 크기순으로 나열했기 때문에 상대방의 가장 왼쪽에 있는 수는 가장 작은 수, 가장 오른쪽에 있는 수는 가장 큰 수가 되겠지요. 따라서 내가 가진 타일 수를 참고해서 가장 끝에 있는 타일 수를 먼저 추측해 볼 수 있어요. 운 좋게 처음부터 맞힐 수도 있지만, 그렇지 않더라도 2~3번 안에는 알아낼 수 있을 거예요.

❷ 논리적 사고, 추론 능력

◦ 네가 말한 수뿐만 아니라, 엄마가 말한 수도 잘 생각해 봐.

만일 엄마가 내 검은색 타일 중 하나를 지목하면서 '5'라고 말한다면, 엄마는 '5'가 적힌 검은색 타일을 가지고 있지 않다는 뜻이겠죠. 이렇게 내가 말한 수뿐만 아니라 상대방이 나에게 말한 수 또한 상대방의 비밀 코드를 풀어내는 아주 중요한 힌트가 됩니다. 내가 사용할 수 있는 가능한 모든 단서들을 총동원할 수 있도록 유도해 주세요.

한 걸 음 ― 더 전략적 사고

◦ 조커 타일은 어디에 두는 게 유리할까?

조커 타일을 가져오면 어느 자리에 둘지 빠르게 결정해서 놓아야 합니다. 사실 우진이와 게임을 하다 보면 이런 부분에서 아직 여섯 살임이 실감이 나지요. 조커 타일을 획득한 기쁨이 얼굴에 그대로 드러나고, 또 어디에 둘지 우왕좌왕하는 모습에서 '아, 조커 타일 가져왔구나'라고 눈치 챌 수 있거든요. 일반 수 타일을 들고 왔다면 고민 없이 정해진 자리에 둘 텐데, 조커 타일을 가져오면 어디에 둘지 먼저 생각을 해야 돼요. 그런데 어디에 두느냐에 따라 상대방에게 어려운 선택이 될 수도, 쉬운 선택이 될 수도 있답니다.

예를 들어 볼게요. 위 그림과 같이 타일을 가지고 있는데 검은색 조커 타일을 가져왔다면 다음 세 군데 중에서 어디에 두는 게 가장 유

리할 것 같나요?

첫 번째 그림처럼 두면 1 앞에 올 수 있는 수는 0 아니면 조커밖에 없으니 상대방이 선택할 수 있는 경우의 수가 많이 줄어들어요. 게다가 세 번째 그림처럼 두면 검은색 10 타일 다음에 연속된 검은색 두 개는 11과 조커일 수밖에 없겠죠. 두 번째 그림과 같이 둘 때 제일 상대방을 혼란에 빠지게 할 것 같네요.

만일 처음부터 조커 타일이 들어 있었다면 끝에다 두는 것도 하나의 전략이에요. 상대방이 대개 끝에 해당

하는 수를 부르게 되니 오답을 계속 유도해 낼 가능성이 높아지거든요. 게임을 반복적으로 하다 보면 자연스럽게 이런 부분에 대한 고민이 시작될 거예요. 그때 아이와 함께 대화를 나누며 최적의 방법을 찾아가 보는 즐거움도 느껴 보세요. 조커를 어디에 두어야 가장 효과적인지, 어떤 색의 타일을 가져오는 게 유리한지 등을 고민하면서 전략적으로 사고하는 능력을 길러 주세요.

수 타일 3개를 연결시켜라
논리적 사고력이
쑥쑥 자라나는

루미큐브

🔍 게임 시간 **30~40분**

🔍 추천 연령 **7세 이상**

🔍 게임 효과 **조건 파악 / 논리적 사고 능력 / 간단한 덧셈**

🔍 주요 구성품 **1~13까지의 수 타일 104개, 조커 2개, 타일 받침대 4개**

　2차 세계대전 이후 출시된 보드게임 중 세계에서 가장 많이 팔린 보드게임은? 바로 이번에 소개할 게임인 〈루미큐브〉라고 합니다. 1977년에 처음 출시된 〈루미큐브〉는 지금까지 꾸준히 사랑받는 대표 보드게임 중 하나로, 월드 루미큐브 챔피언십(World Rummikub Champion ship, WRC)이라는 공식적인 세계 대회가 있을 정도로 매우 인기가 많은 게임이지요. 규칙이 단순해서 쉽게 접근할 수 있지만, 생각을 많이 하면 그만큼 새로운 전략을 낼 수 있어 게임을 하면 할수록 더욱 빠져드는 매력을 가지고 있답니다. 진지하게 모두가 열중하며 머리를 굴리게 만드는 〈루미큐브〉 보드게임으로 우리 아이들과 함께 생각하는 즐거움을 느껴 보시면 어떨까요?

게임 방법

1 타일을 뒤집어 섞은 후 각자 14개의 타일을 가져와 자신의 받침대에 올려 둡니다.

CHECK '그룹' 세트는 같은 수이면서 색이 다른 타일 3개 이상을, '연속' 세트는 같은 색의 연속되는 수 타일 3개 이상을 말해요.

2 '그룹' 세트나 '연속' 세트가 되는 타일을 테이블에 내리며 '등록'이라고 말합니다.

CHECK 처음 등록할 때는 세트들 수의 합이 30 이상이 되어야 해요. 등록할 수 없으면 타일을 하나 가져와요.

3 등록 이후에는 테이블 위에 놓여 있는 타일을 이용해 재정렬하거나 붙여서 세트를 만듭니다.

CHECK 테이블 위는 항상 3개 이상의 타일로 세트를 이루도록 해요. 자신의 타일을 가장 먼저 모두 내려놓는 사람이 승리해요.

더 재미있게 즐기자

----

❶ 등록 없이 즐기기

원래 〈루미큐브〉에서는 처음 등록할 때는 세트들 수의 합이 30 이상이 되어야 한다는 규칙이 있습니다. 이 규칙으로 인해 게임의 재미가 더해지는 것은 사실이지만, 30 이상을 만들어 내기가 만만치 않아요. 또, 아이가 아직 덧셈을 하기 어려워할 수도 있고요. 이럴 때는 등록 규칙을 빼고 진행합니다. 혹은 등록하는 수의 합을 낮추는 방법도 있고요. 설명서에 있는 규칙을 꼭 지키려고 하기보다는 우리 아이에 맞게 적절히 변형하거나 과감히 생략하는 유연함을 발휘해 주세요.

❷ 모래시계 없이 즐기기

〈루미큐브〉에는 게임의 긴장도를 높이기 위해 모래시계가 들어 있습니다. 제한된 시간 내에 타일들 조합을 변형해야 하고, 만일 제한 시간 내에 세트를 만들지 못하면 벌칙이 주어지지요. 흥미를 유발하는 요소이긴 하지만, 아이들에게는 긴장감이 오히려 독이 되어 깊이 있게 찬찬히 생각하는 습관을 방해할 수도 있습니다. 아이의 시간을 여유 있게 기다려 주세요.

수학적 효과를 Up시키는 게임 진행 발문 Tip

❶ 개념 파악

◦이 두 장의 타일에 세트를 만들고 싶으면 어떤 색의 수 타일이 필요할까?

〈루미큐브〉라는 게임 안에서 주어진 '세트' 개념을 정확하게 파악하

고 있는지 묻는 질문입니다. 만일 위의 왼쪽 그림과 같이 검은색과 주황색의 7 타일을 하나씩 가지고 있다면, 추가로 필요한 타일은 파란색 7 또는 빨간색 7 타일이겠죠. 또, 위의 오른쪽 그림과 같이 빨간색 8, 9 타일을 하나씩 가지고 있다면, 추가로 필요한 타일은 빨간색 7 또는 10 타일이겠고요. 게임에서 주어진 정확한 정의를 바탕으로 이러한 타일들을 놓을 수 있는 방법을 찾아보며 전략 세우기가 시작됩니다.

❷ 조건 파악

○ 이런 타일 세 개도 세트가 될까?

아이들은 때때로 왼쪽 그림과 같은 타일들을 세트라며 내려놓기도 합니다. 이 타일들도 세트를 이루고 있을까요? 다시 한 번 세트의 규칙을 상기해 보면, 같은 수이면서 색이 다른 타일 3개 이상 또는 색이 같으면서 연속된 수 타일 3개 이상을 우리는 세트라고 부르기로 했습니다. 즉, 색이 다른 연속된 수 타일들은 세트를 이루지 못하는 것이죠. 이 타일들이 세트가 되지 않는 이유를 세트의 정확한 조건을 바탕으로 아이들이 스스로 설명할 수 있도록 도와주세요.

◦타일들을 재조합하려면 어떻게 하면 될까?

〈루미큐브〉의 묘미는 타일들을 다양한 방식으로 재조합하는 데 있습니다. 가장 간단하게는 주어진 타일들에 내 타일 하나를 이어 붙이거나, 4개 이상으로 연결된 타일들 일부를 떼어내 내 타일과 이어 붙이는 방법이 있지요. 더 깊이 생각하다 보면 기존의 세트 그룹을 완전히 해체해서 새로운 형태의 세트 조합을 만들어 내는 경우도 있습니다. 예를 들어 다음 경우를 살펴보겠습니다.

테이블 위에 타일들이 위의 왼쪽 그림과 같이 조합되어 있고, 나는 검은색 5, 6 타일을 가지고 있다고 가정해 보겠습니다. 내가 가진 타일을 내려놓는 것이 가능할까요? 우선 주황색 5 타일은 주황색 6, 7, 8 타일에 붙입니다. 그리고 남은 타일들을 모두 분리한 후 내가 가진 타일들을 더해, 위 오른쪽 그림과 같이 같은 색으로만 이루어진 타일들로 재조합할 수 있습니다.

기존과 완전히 다른 새로운 조합을 만들어 낼 수 있는 것이 이 게임의 묘미이자 핵심 전략입니다. 이러한 과정을 머릿속으로 시뮬레이

선한 후 실행하는 과정에서 논리적 사고 능력이 매우 향상되지요. 게임을 거듭하며 게임에 익숙해질수록 테이블 위의 타일 조합들을 화려하게 변신시키는 매력에 푹 빠져들게 됩니다.

또 어떤 게임이 있을까?

메이크텐

10을 만들어라!! 〈메이크텐〉은 〈루미큐브〉와 비슷한 느낌이면서도 10 만들기, 20 만들기 활동까지 가능한 게임이에요. 연산 연습과 논리적 사고 연습이 동시에 가능하다는 장점이 있답니다. 한 자리 수 덧셈이 익숙한 아이라면 오히려 〈루미큐브〉보다 쉽게 느낄 수도 있을 거예요.

 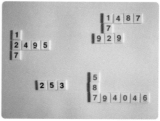

각자 15개의 타일들을 나누어 가집니다. 색이 같은 수 타일 3개를 사용해 합이 10이나 20이 된다면 내려놓을 수 있어요. 20을 만들 때는 3개 또는 4개 타일을 사용할 수 있고요. 다른 사람이 등록한 색상 타일은 새로 등록할 수 없으며, 기존의 색 타일에 계속 가지를 뻗어 나가는 느낌으로 이어 붙여야 해요. 단, 검은색 타일은 아무 색에도 붙일 수 있는 조커 역할을 합니다. 〈루미큐브〉와 비슷하면서도 또 다른 매력이 있는 〈메이크텐〉으로 덧셈 능력도 올리고, 논리적 사고 능력도 키워 주세요.

세트가 되는
세 장의 카드를 찾아라
멘사가 추천한
최고의 두뇌 게임

세트(SET)

🔍 게임 시간 **10~20분**

🔍 추천 연령 **5세 이상**

🔍 게임 효과 **관찰력 / 집중력 / 집합적 사고 / 논리적 사고력**

🔍 주요 구성품 **카드 81장**

    미국의 멘사에서는 매년 두뇌개발에 좋은 5개의 보드게임을 선정하는데요, 〈세트(SET)〉는 1991년에 선정된 멘사셀렉트 보드게임 중 하나입니다. 규칙이 간단하면서도 수학적 핵심이 녹아 있어 중학교 영재교육원 수업 소재로도 많이 활용되고 있으며, 관련 논문도 발표되었을 정도이지요. 이렇게 말하니 상당히 어려운 게임인가 싶지만, 어린아이들도 의외로 곧잘 하는 게임이니 걱정 마세요. 참고로, 수학에서 SET는 집합을 의미합니다. 주어진 조건을 만족시키는 세 장의 카드를 찾아내는 과정을 통해 집중력과 사고력을 기를 수 있는 〈세트(SET)〉 게임을 살펴볼까요?

게임 방법

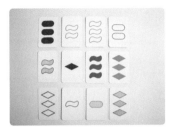

1 카드를 잘 섞어 그 중 12장을 그림이 보이게 펼칩니다.

CHECK 12장의 카드로 '세트'를 만들 수 없다고 생각되면, 카드 세 장을 더 펼쳐서 15장으로 게임을 진행해요.

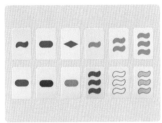

2 각 카드마다 네 가지 속성(모양, 색, 개수, 음영)을 모두 포함하는 그림이 그려져 있고, 각 속성은 세 종류로 나뉩니다.

CHECK 모양은 물결, 타원, 다이아몬드, 색은 빨강, 보라, 초록, 개수는 1개, 2개, 3개, 음영은 채움, 빈칸, 줄무늬로 나뉘어요.

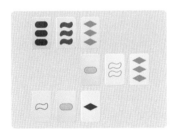

3 '세트'가 되는 세 장의 카드를 찾으면 '세트!' 하고 외치고 카드를 가져갑니다. 3장의 카드를 보충하고 계속 진행합니다.

CHECK '세트'란 각각의 속성이 모두 같거나 모두 다른 그림들로 이루어진 세 장의 카드를 말해요.(왼쪽 그림은 세트의 예)

더 재미있게 즐기자

❶ 각 카드의 속성 말하기

게임을 바로 시작하기 전에 준비 과정으로 해볼 수 있는 활동이에요. 각 카드마다 네 가지 속성이 정해져 있는데, 카드 한 장을 가지고 각 속성별로 어떤 특징이 있는지 말하는 연습을 해봅니다. 예를 들어,

왼쪽 그림은 '모양-다이아몬드, 색-빨강, 개수-3, 음영-줄무늬'인 카드입니다. 각 속성에 대한 연습이 충분히 이루어졌다면, 이제 본격적으로 게임을 즐길 수 있겠죠?

❷ 단계별로 즐기기

〈세트〉 게임을 처음 접하거나 어린아이인 경우에는 네 가지 속성을 모두 파악하기에 어려움을 느낄 수 있어요. 게임에 익숙해지기 위해 하나의 속성이 같은 카드들로만 게임을 즐길 수 있습니다. 대개 음영 속성을 가장 어려워하기 때문에 음영 속성이 같은 카드들(예를 들면, 완전히 색이 칠해져 있는 카드들)만 뽑아서 게임을 하는 거지요. 음영 속성은 이미 같으니 나머지 세 가지 속성이 모두 같거나 모두 다른 그림의 카드 세 장이 '세트'가 됩니다.

수학적 효과를 Up시키는 게임 진행 발문 Tip   □△ ✕○
----

❶ 조건 파악

∘ 이 두 장의 카드와 '세트'를 이루는 카드는 어떤 카드일까?

이미 선택된 두 장의 카드와 '세트'를 이루는 카드는 단 하나뿐입니다. 예를 들어, '모양-타원, 색-초록, 개수-3, 음영-빈칸', '모양-다이아몬드, 색-초록, 개수-3, 음영-줄무늬' 카드 2장이 있다면 어떤 카

드가 와야 '세트'를 이루게 될까요? 모양은 물결, 색은 초록, 개수는 3개, 음영은 채움으로 이루어진 카드가 와야 하겠죠. 카드 3장이 네 가지 속성 각각에 대해서 모두 같거나 모두 달라야 한다는 조건을 하나하나 적용시켜 함께 찾는 연습을 해보세요.

❷ 반성적 사고

∘ 이게 왜 '세트'가 될까?

아이가 위 3장의 카드를 골라 '세트'를 외쳤다고 해보겠습니다. 사실 이 3장의 카드는 직관적으로도 왠지 세트가 될 것 같은 느낌이 들기도 합니다. 비교적 찾기 쉬운 편에 속한다는 뜻이죠. 이 카드들이 정말 '세트'가 맞는지, 왜 '세트'가 되는지 다시 한 번 물어보세요. 혹은 반대로 세트가 아닌 카드 3장을 골라 '세트'라고 외쳤을 경우에도, 정말 '세트'가 맞는지 같은 질문을 합니다. 아이가 이유를 설명하는 과정에서 세트가 되지 않음을 스스로 깨닫도록 할 수 있어요. 자신이 선택한 카드들이 정말 맞는지 점검하는 절차는 수학 활동에서 반성적 사고의 핵심이며, 이 과정을 통해 점점 논리적으로 '세트'를 찾을 수 있는 힘을 기르게 됩니다.

○ 각 속성의 각 특징을 가진 카드는 한 장밖에 없다고 해. 그러면 카드는 총 몇 장이 있을까? 또, 만일 세 가지 속성으로만 게임을 한다면, 몇 장의 카드를 이용하게 될까?

일종의 경우의 수 문제라고 할 수 있어요. 정답은 각 속성별로 3종류씩 있으므로 $3×3×3×3=81$(장)입니다. 그래서 세트 게임에는 카드가 81장이 들어 있는 것이죠.

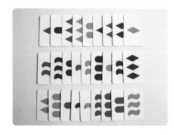

또, 앞에서 게임을 좀 더 간단히 즐기는 방법으로 한 가지 속성을 제외할 수 있다고 했는데요, 실제로 음영이 다 채워진 카드만 골라내면 나머지 속성인 모양, 색, 개수에 대해서만 카드가 만들어지므로 위 그림과 같이 $3×3×3=27$(장)이 됩니다.

앞에서 세트 게임은 중학교 영재교육원 수업 자료로 많이 활용된다고 했는데, 주로 이렇게 경우의 수, 확률 단원과 연계한 수업으로 진행합니다.

오름차순으로 배열하라!
독특한 매력이 넘치는

젝스님트

🔍 게임 시간 **15분**

🔍 추천 연령 **6세 이상**

🔍 게임 효과 **수의 배열 / 오름차순 / 간단한 덧셈 / 전략적 사고**

🔍 주요 구성품 **1~104까지 수가 적혀 있는 카드 104장**

　볼프강 크라머(Wolfgang Kramer)라는 독일의 보드게임 작가가 개발한 〈젝스님트〉 역시 1996년 멘사셀렉트에 선정된 인기 많은 보드게임이에요. 독일어로 '6 가져가!(6 nimmt!)'라는 뜻의 〈젝스님트〉는 1부터 104까지 적혀 있는 카드 104장이 구성품 전부이지만, 의외로 흥미진진하여 하면 할수록 그 매력에 빠져들게 됩니다. 수를 크기순으로 배열하는 연습에 큰 도움이 되며 간단하면서도 은근히 많은 생각을 하게 하지요. 2명에서 10명까지 많은 사람들이 함께할 수 있다는 장점도 있고요. 인원이 적을 때는 상당한 전략을 필요로 하지만, 인원이 많아질수록 운도 많이 작용해서 같은 규칙인데도 인원수에 따라 게임 스타일이 크게 바뀌는 독특한 게임이에요.

게임 방법

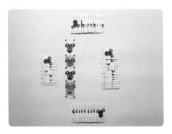

1 카드를 열 장씩 나누어 갖고, 카드 네 장을 펼쳐 세로로 놓습니다.

CHECK 남은 카드는 게임에서 사용하지 않아요.

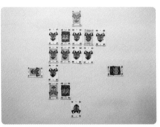

2 각자 손에 든 카드 중 하나를 골라 동시에 앞면을 공개합니다. 가장 작은 수 카드를 내려놓은 사람부터 바닥의 카드 중 한 곳에 자기 카드를 놓습니다.

CHECK 카드의 수가 오름차순이 되도록 놓되, 차가 가장 작은 줄에 놓아야 해요.

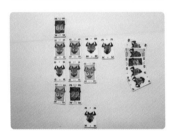

3 어떤 가로줄에 여섯 번째 카드를 놓게 되면, 그 줄에 있는 카드를 모두 가져갑니다. 또, 어떤 줄에도 놓을 수 없는 카드를 낸 사람은 한 줄을 골라 그 줄에 있는 카드를 모두 가져가고, 자신의 카드를 시작 카드로 놓습니다.

CHECK 라운드 종료 후, 가져온 카드의 소머리 개수 합이 벌점이 되며, 벌점이 가장 적으면 승리해요.

더 재미있게 즐기자

❶ 온 가족이 즐기기

〈젝스님트〉는 상당한 전략과 눈치를 필요로 하는 게임이지만, 게임을 하는 행위 자체는 매우 간단해서 어린아이들도 함께 참여할 수 있어요. 실제로 찐남매네 집에서는 규칙을 잘 모르는 예진이도 함께합니다. 예진이는 무작위로 카드를 내기 때문에 게임판을 교란시키지만 그게 또 게임을 흥미진진하게 만들어 주지요. 때때로 예진이가 1등을 하기도 하는 신기한 매력을 가진 게임이랍니다.

❷ 변형해서 즐기기

전략적인 요소를 더 추가하여 치열한 두뇌 게임으로 즐기고 싶다면, 게임에 사용할 카드 수를 대폭 줄일 수도 있어요. 게임 참여자가 4명이라면 1부터 44까지의 수 카드만 선택한 후, 각자 10장씩 나누어 갖고 남은 4장 카드를 시작 카드로 하면 됩니다. 이렇게 하면 변수가 상당히 줄어들어 더욱 치밀한 전략을 세워야 하지요.

수학적 효과를 Up시키는 게임 진행 발문 Tip

❶ 수의 배열

∘ **누구 카드를 먼저 놓아야 할까? 이 수 카드를 어디에 놓아야 할까?**

각자 카드를 하나씩 공개하면, 카드에 적힌 수가 가장 작은 사람부터 차례로 카드를 놓아야 합니다. 수를 크기순으로 배열해야 하는 상황이 자연스럽게 연출되는 것이죠. 배열순서가 정해지면 이제 각자가 공개한 수 카드를 규칙에 맞게 내려놓을 차례입니다. 어디에 놓아야 할지 아이 스스로 찾을 수 있도록 질문해 주세요. 오름차순 즉,

수가 점점 커지는 방향으로 배열되도록 카드를 놓되, 자신의 카드에 적힌 수와 차가 가장 작은 줄에 두어야 합니다. 이 조건을 만족시키는 줄을 찾는 과정은 아이들의 수 감각을 일깨우는 데 큰 도움이 됩니다.

❷ 연산

∘ 벌점을 계산해 볼까? 벌점이 몇 점 차이가 나지?

손에 든 10장 카드를 모두 내려놓으면 게임이 종료되고, 벌칙으로 가져온 카드에 그려진 소머리 수의 합이 각자 벌점이 됩니다. 각 카드에는 소머리가 한 개에서 일곱 개까지 다양하게 그려져 있어요. 소머리 개수를 일일이 셀 수도 있지만, 같은 개수를 가진 카드끼리 모아서 덧셈과 곱셈을 활용하여 압축적으로 셀 수도 있지요. 또, 각자 계산한 벌점으로 승자를 가리고, 벌점이 몇 점 차이가 나는지 뺄셈 연습도 해볼 수 있어요.

❸ 수의 규칙성

∘ 소머리 그림이 다섯 개인 카드들을 찾아볼까?

일의 자리가 5인 카드에는 소머리가 두 개, 일의 자리가 0인 카드에는 소머리가 세 개 그려져 있어요. 또, 11의 배수인 카드에는 다섯 개, 일의 자리가 5이면서 11의 배수이기도 한

'55' 카드에는 일곱 개가 그려져 있고요. 이처럼 소머리 개수가 같은 카드들을 모아서 해당하는 수의 특징이나 규칙을 찾는 활동을 해보며 5의 배수, 11의 배수와 같은 개념들을 익혀 볼 수도 있답니다.

한걸음─더 **전략적 사고**

∘ 내가 가진 카드 중 어떤 카드를 내는 것이 좋을까?

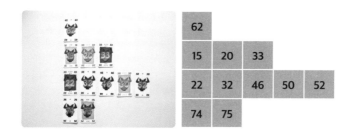

예를 들어, 위 그림과 같은 상황이라고 가정해 보겠습니다. '63'을 가진 사람은 첫 번째 줄의 '62' 옆에 안전하게 놓을 수 있다고 생각하여 '63'을 내려고 할 수 있습니다. 그런데 이는 매우 위험합니다. 누군가가 33보다 작은 수 카드를 내려놓으며 첫 번째 줄의 '62'를 가져가고 그 자리에 새로운 줄을 만들 수 있기 때문이지요. 이때 '63'을 내려놓은 사람은 세 번째 줄에 있는 카드 다섯 장을 가져가고 벌점 11점을 받게 됩니다.

작은 수 카드를 가지고 있다고 해서 좌절할 필요도 없습니다. 최소한의 벌점을 받기 위해 이런 상황에서 과감히 작은 수 카드를 내려놓고 벌점 1점만 받는 전략을 취할 수도 있습니다. 의외로 비슷한 생각을 한 상대방이 나보다 작은 수 카드를 낸다면 운 좋게 벌점을 받지 않을 수도 있고요.

이렇듯 내가 내는 카드뿐 아니라 상대방이 내는 카드에 따라서 진행 양상이 상당히 달라지기 때문에 다양한 전략을 시도해 볼 수 있으며, 여기에 살짝 운이 더해지면서 게임은 점점 흥미진진해집니다.

또 어떤 게임이 있을까?

스플렌더

마르크 안드레라는 프랑스 게임 디자이너가 만든 〈스플렌더〉는 2014년 출시된 이후 전 세계 많은 사람들에게 사랑받아 온 대표적인 전략 보드게임이에요. 상당히 복잡한 규칙과 긴 소요시간을 요구하는 다른 전략 보드게임과 달리 〈스플렌더〉는 비교적 간단한 규칙에, 게임 시간도 30분 정도로 적당해서 우리 아이들이 전략 보드게임으로 처음 접하기에 딱 좋더라고요.

우리나라에서는 이 게임을 판매하는 코리아보드게임즈 주최로 2016년부터 스플렌더 그랑프리라는 대회가 열리고 있어요. 초등 저학년부, 초등 고학년부, 일반부로 나뉘어 토너먼트 방식으로 진행되는 대회에 부모님도 아이들도 참여해서 좋은 추억을 쌓아 보는 것은 어떨까요?

각 단계별 개발 카드를 4장씩 펼쳐요. 자신의 차례에 다른 색상 보석 3개 가져오기, 같은 색상 보석 2개 가져오기, 개발 카드 1장 손에 들고 황금 조커 가져오기, 개발 카드 1장 구매하기 중 하나를 수행합니다. 이미 구매한 개발 카드가 제공하는 보너스는 같은 색의 보석과 같은 가치를 가져 새 개발 카드를 구매할 때 할인받는 효과가 있어요. 이런 식으로 카드 점수를 모아 승점 15점을 먼저 만드는 사람이 승리합니다. 점수를 모으는 과정에서 다양한 전략을 구사할 수 있지요.

보드게임 200% 활용법

보드게임이 아이들의 인지능력과 정서, 사회성 발달에 두루 좋다
는 것은 알지만, 막상 아이와 보드게임을 하다 보면 여러 난관에 부
딪히며 막막함과 어려움을 호소하는 부모님들이 많으시더라고요.
이 장에서는 아이들과 보드게임을 재미있게 즐기면서도 효과를 극
대화할 수 있는 방법, 다양한 보드게임에 두루 적용할 수 있는 활용
방법을 소개합니다. 또, 많은 부모님들이 보드게임 진행 시 궁금해
하는 점들을 '아이와 보드게임, 이것이 궁금해요' 코너로 모아 고민
을 함께 나누었습니다.

01

흥미와 도전

🏛 무조건 재미있어야 한다

저는 이 책을 통해 우리 아이들이 수학적으로 사고하는 과정을 즐기며 수학에 호기심과 흥미를 가지도록 하는 방법을 전해 드리고 있습니다. 아주 좋은 장난감이자 교구가 되는 보드게임을 이용해 생각하는 힘을 기를 수 있도록 도와주는 방법을 구체적으로 설명드렸고요.

여기서 가장 중요한 것은 무엇일까요? 바로 '재미', '흥미', '호기심' 같은 것들입니다. '수학 학습'에 너무 방점을 찍은 나머지 보드게임을 하면서 아이의 흥미를 떨어뜨리거나, 아이의 수준이나 관심사는 고려하지 않고 일반적인 수준에 맞춰 보드게임을 해야 한다는 식으로 접근하면 자칫 보드게임 자체를 더 이상 하지 않으려 할 수도 있습니다.

아이들마다 다양한 취향이 있기에 어떤 아이에게는 매우 흥미로운 보드게임이 어떤 아이에게는 전혀 흥미롭게 다가오지 않기도 합니다. 무엇보다 우리 아이가 재미있어 하는 보드게임을 찾아 주세요. 아이가 좋아하는 캐릭터를 활용한 보드게임도 좋습니다. 메모리 게임을 하려고 하는데 아이가 '캐치 티니핑' 캐릭터를 좋아한다면 〈캐치 티니핑 메모리 게임〉을 선택하면 됩니다. 아마 정말 신나게 매일매일 하자고 할 거예요. 디즈니 만화를 좋아하는 아이들이라면 도블 시리즈 중 〈도블 디즈니〉를 구입해서 해볼 수도 있습니다. 예진이는 토끼를 좋아하니 〈토끼는 당근을 좋아해〉 보드게임을 참 좋아했고요.

일단 '보드게임은 재미있다'라는 이미지를 갖게 되면 아이는 저절로 다른 보드게임들에도 관심을 가지게 됩니다. 아이의 발달 과정과 수준에 맞게 차츰차츰 보드게임의 종류와 영역을 늘려나가 보세요. 그 과정에서 우리 아이가 특히 어떤 영역에 관심과 재능이 있는지, 어떤 영역에 어려움을 보이는지도 파악할 수 있습니다.

⛪ 게임에 집중하기

기본적으로 '게임'이란 함께 즐기는 것입니다. 또, 대부분의 게임은 승자와 패자가 가려지는 구조를 가지고 있습니다. '게임' 형태가 많은 사람들에게 사랑받는 이유는 우리 모두가 기본적으로 성취 욕구를 가지고 있기 때문이기도 합니다.

그렇다면 아이 입장에서 볼 때 언제 게임이 재미없다고 느껴지게 될까요?

📖 함께 게임하는 사람이 즐거워 보이지 않을 때

📖 함께 게임하는 사람이 게임에 집중하지 않을 때

📖 함께 게임하는 사람이 승패에 연연하지 않는 것처럼 보일 때

📖 내가 계속 지기만 할 때

혹시 뜨끔하는 분들이 계신가요? 아이와 보드게임을 하기는 하는데, 굉장히 하고 싶지 않다는 듯한 태도로 '놀아 준다'는 뉘앙스를 강하게 풍긴다거나, 휴대폰을 보거나 집안일을 하면서 건성으로 게임에 참여한다면 아이들 흥미도 급속도로 떨어질 것입니다. 또, 자꾸 일부러 져 준다는 느낌을 아이가 받게 되면 자신이 이겨도 크게 기쁘지 않을 테고요. 반대로 부모님이 계속 이겨서 자신은 지기만 하는 것도 흥미를 떨어뜨리는 요인이겠지요.

아이와 보드게임을 할 때 휴대폰은 잠시 멀리해 주세요. 밀린 집안일도 잠시 잊어 주세요. 짧게 하더라도 게임을 할 때에는 오로지 게임에만 집중해 주세요. 부모님도 게임에 집중하다 보면 어느새 진정으로 즐기게 될지도 모릅니다. 그리고 그러한 순간은 우리 아이들에게 마음 깊이 행복한 추억으로 남을 것입니다.

아이와 게임을 즐기는 가운데 이왕이면 다양한 리액션을 해 주시면 더욱 좋습니다. 부모님이 이기거나 좋은 결과가 나왔을 때 마음껏 좋아하는 모습을 보여 주거나, 반대로 지거나 안 좋은 결과가 나왔을

때 아쉬워하는 모습을 보여 주는 거지요. 지거나 불리해지더라도 아쉬워할 수는 있지만, 게임에 계속 즐겁게 참여할 수 있다는 사실을 부모님이 몸소 실천으로 보여 주세요.

🏛 너무 이기거나 너무 지지 않게

가바사와 시온의 책 《당신의 뇌는 최적화를 원한다》에서는 강력한 동기부여의 원천이 되는 신경전달물질인 도파민을 소개합니다. 도파민이 나오면 학습효과가 향상되어 빨리 이해하고, 빨리 습득하며, 기억력이 좋아진다고 하지요. 수학을 즐겁게 하는 아이들이 수학을 잘할 수밖에 없는 이유입니다. 그런데 도파민은 '적당한 과제'가 설정되었을 때 가장 많이 분비되고 의욕이 솟아납니다. 게임도 '적당한 난이도'의 게임을 할 때가 가장 즐거운 법이고요.

게임에서 지는 법도 배워야 한다고 생각해서 최선을 다해 이기려고 하는 부모님이 있는가 하면, 늘 져 주는 부모님도 있더라고요. 본래 게임의 속성상 누군가가 계속 이기거나 지는 상황은 그다지 흥미를 유발하지 않습니다. 적당히 이기고 적당히 지는 과정에서 긴장감과 성취감이 발생하지요. 저는 6 대 4 정도로 아이가 이기는 상황이 가장 적절하다고 생각합니다.

애초에 어른과 아이의 게임은 완전히 운에 따른 게임을 제외하고는 상대가 안 되는 경우가 많습니다. 적당히 져 주되, 져 주고 있음을 들키지 않도록 주의하셔야 합니다. 엄마 혹은 아빠가 져 준다는 걸

아는 순간 게임에 대한 흥미도가 떨어지겠지요. 물론, 이것도 연령이나 성향에 따라 아이마다 다를 수는 있습니다. 우진이는 승부욕이 있기에 져 주는 걸 굉장히 싫어하는 반면, 예진이는 아직 어려서 그런지 져 주는 게 티가 나더라도 본인이 이기는 걸 선호합니다. 그래서 우리 아이 성향을 잘 파악하는 게 가장 중요합니다.

02

규칙과 사고

⛪ 보드게임을 장난감처럼, 규칙을 다양하게 변형하기

보드게임을 구입하면 보통 상자에 추천 게임 연령이 적혀 있고, 상자 안에는 보드게임 사용설명서가 들어 있습니다. 그런데 부모님이 조금만 고민해 보시면 얼마든지 추천 연령과 상관없이 보드게임을 활용할 수 있어요. 심지어 게임이 아니라 장난감이나 교구처럼 활용해도 됩니다.

〈우봉고〉는 추천 연령이 8세 이상이지만, 가져온 보석들 점수를 더해서 승패를 가리는 방식만 제외하면 5~6세 아이들도 충분히 재미있게 즐길 수 있습니다. 퍼즐 조각 개수로 수준을 달리해서 진행할 수도 있고요. 또, 퍼즐 조각 가지고 놀게 하기, 필요한 퍼즐 조각 찾아보기, 한두 개는 맞추어 놓고 남은 조각 맞추기 등으로 변형하면 3~4세에도 가능합니다.

〈할리갈리〉는 같은 과일 5개가 모이면 종을 치는 규칙이지만, 아직 모으기가 안 되는 시기에는 카드를 한 장씩만 넘기며 바나나가 나오면 종치기, 과일 5개가 나오면 종치기 등으로 어린아이들 수준에 맞게 변형할 수 있습니다. 과일 개수를 세며 1부터 5까지의 수를 익힐 수 있어요. 반대로 5 만들기가 잘 된다면 6 만들기, 7 만들기로 변형해서 게임을 즐길 수도 있겠고요.

〈세트(SET)〉는 4가지 속성이 모두 같거나 모두 다른 3장의 카드를 찾아야 하는데, 아이가 어려워한다면 속성 개수를 3개로 줄여서 하면 됩니다. 엄마가 두 장의 카드를 먼저 고른 후, 세트를 이루는 나머지 한 장의 카드 찾아오기 게임을 할 수도 있지요. 〈다빈치코드〉는 조커 타일을 제외하고 게임을 하거나, 한 가지 색 타일로 게임을 하면 어린아이들과도 즐길 수 있습니다.

모든 보드게임은 장난감처럼 가지고 놀아도 됩니다. 우진이는 〈러시아워 주니어〉에 들어 있는 자동차를 가지고 주차장 놀이를 하기도 했고요. 〈코잉스〉, 〈서펜티나〉, 〈스킵피티〉 구성물들은 알록달록 무지개 색으로 이루어져 있어 게임수행능력과 상관없이 예진이가 좋아했습니다.

규칙을 변형하는 일을 꼭 부모님이 일방적으로 정하지 않아도 됩니다. "설명서에는 이렇게 하라고 나와 있지만, 우리는 이렇게 하는 게 더 재미있을 것 같은데? 우리는 이렇게 하는 걸로 규칙을 바꿔 볼까? 너는 어떻게 생각해?"라고 아이와 대화를 나누며 우리집만의 규칙으로 변형해 볼 수도 있습니다. 또, 때때로 게임 중간에 아이가 자신에게 유리한 대로 규칙을 바꾸려 할 수도 있는데, 이때에도 융통성을 발휘하여 한 번쯤은 아이가 원하는 대로 바꿀 수도 있겠고요. 단, 한 번 바꾸었으면 그다음부터는 그 규칙을 유지하도록 해 주세요. 규칙이란 기본적으로 지켜야 하는 것이라는 기본적인 태도는 가르쳐야 하니까요.

🏛 느긋하게 기다려 주고 아이가 스스로 하도록 하기

아이들 행동은 대개 어른들보다 느리기 때문에 답답한 마음이 들 때가 많습니다. 한 아버지가 아이와 〈당근 질주 토끼 운동회〉 보드게임을 하고는 이렇게 고백한 적이 있습니다.

"제가 성격이 급해서 다 하고 있더라고요. 카드도 제가 넘겨주고, 토끼 말 이동도 제가 해 주고요."

우리가 아이와 보드게임을 하는 목적은 후다닥 게임을 끝내려는 게 아닙니다. 아이와 함께하는 시간 자체에서 아이가 행복감을 느끼고, 자연스럽게 자기주도성, 메타인지능력, 수학적 사고력 등이 길러지길 바라는 것이죠. 아이가 할 수 있는 것은 최대한 아이 스스로 할 수 있도록 기다려 주세요. 나도 모르게 아이에게서 인간의 본성인 자율성과 호기심을 빼앗고 있지는 않은지, 항상 주의 깊게 돌아보아야 합니다.

보드게임을 준비하고 정리하는 과정도 아이와 함께 합니다. 보드게임을 한다는 것은 준비, 정리하는 일도 포함한다는 것을 알려 줌니다. 준비하고 정리하면서 아이와 나눌 수 있는 대화도 생각해 보고요.

🏛 모래시계는 사용하지 않는다

모래시계가 들어 있는 보드게임이 있습니다. 〈우봉고〉, 〈루미큐브〉, 〈파라오코드〉가 대표적인데요. 모래시계는 긴장감을 불러일으켜 흥미진진한 게임 진행에 도움을 줍니다. 그런데 우리의 목적이 게임의 승패를 결정하는 게 아니라, 게임을 통해 충분히 생각하는 연습을 하는 데 있다면 오히려 모래시계가 방해가 될 수 있습니다. 긴장하거나 시간에 쫓기면 깊이 고민할 여유가 없어지거든요. 찐남매네 집에서는 '빨리빨리'보다는 천천히 깊게 사고하는 즐거움을 느끼도록 하기 위해 모래시계를 사용하지 않습니다. 아이가 충분히, 여유 있게 생각하며 원하는 해결책을 찾아가도록 도와주는 것이 보다 더 중요한 가치라고 생각해요.

03

설명과 독해

🏛 보드 게임 방법 설명하기

각 게임마다 저마다의 고유한 규칙을 가지고 있는 보드게임은 게임 참여자들이 공통의 기준과 규칙을 가지고 참여하는 것이 기본입니다. 따라서 해당 보드게임을 이미 접한 사람은 처음 접한 사람에게 게임 규칙에 대해 설명해야 하는 상황이 자연스럽게 만들어지죠.

찐남매네 집에서는 보통 새로운 보드게임을 구입해서 엄마, 아빠와 게임을 진행해 본 후, 할머니 할아버지와도 보드게임을 해보는데요. 이때 우진이가 직접 할머니, 할아버지께 게임 방법이나 규칙을 설명해 드립니다. 할머니, 할아버지는 우진이 설명만 듣고도 함께 보드게임을 할 수 있게 되는 것이죠. 설명이 조금 부족한 부분이 있을수도 있지만, 게임을 진행하면서 그때그때 필요한 내용을 보충해서 설명해 드리기도 하고, 옆에서 엄마 아빠가 부연 설명을 해 주기도 합니다. 기본적으로 최대한 아이 입을 통해 할머니 할아버지도 게임 규칙을 이해할 수 있도록 합니다.

게임 규칙을 알고 게임에 참여하는 일과 다른 사람에게 게임 규칙을 이해하기 쉽게 설명하는 일은 전혀 다른 차원의 일입니다. 수학을 잘하는 사람이 꼭 수학을 잘 가르친다고 할 수 없는 것과 같은 이치죠. 아이는 우선 게임 규칙에 대한 완벽한 이해를 하고 있어야 하며, 그다음에는 내가 알고 있는 것을 어떻게 하면 잘 조직해서 체계적으로 설명할까를 새롭게 고민해야 합니다. 아이 나름대로 설명하는 과정에서 '어? 이렇게 설명하니까 할머니가 잘 이해하시네? 이렇게 설명하니까 할아버지가 잘 이해를 못하시네?'라고 생각하며 자신의 사고 과정을 스스로 정리할 수 있게 됩니다. 일종의 메타인지 능력이 키워지는 과정이지요.

한번 설명하는 경험을 하고 나면, 이제 사촌형이나 친구들을 만나서 다시 설명하는 기회가 생겼을 때 조금 더 자신감을 가지고 체계적으로 설명할 수 있게 되며, 논리적으로 생각하는 습관이 저절로 길러집니다.

⛩ 설명서를 스스로 읽고 이해하기

앞에서 자신이 게임을 해본 경험을 살려 할머니 할아버지께 게임 규칙을 설명해 드린다고 했지만, 사실 처음 보드게임을 구입하면 최대한 아이 스스로 규칙을 깨닫도록 유도합니다. 보드게임 안에 함께 들어 있는 설명서를 아이가 직접 읽고 이해해 보도록 하는 것이죠. 저도 처음 해보는 보드게임들이 많았기 때문에 정확한 게임 규칙은 잘 모르는 경우가 대부분이었습니다. 그래서 보드게임을 구입하면 아이에게 먼저 구성품을 살펴보고 설명서를 읽어 보면서 게임 규칙을 파악하게 한 후, 엄마에게 설명해 주도록 부탁합니다. 자신이 스스로 규칙을 이해했다는, 자신이 부모님에게 설명을 해 주었다는 뿌듯한 경험이 아이에게 큰 자산이 되리라 생각하거든요.

물론 온라인상에서 게임 이름으로 검색하면 이해하기 쉽게 설명되어 있는 영상이 많이 있지만, 저는 별로 추천하고 싶지 않습니다. 최근 '문해력', '독해력'이 강조되면서 독서 교육이 매우 중요하게 여겨지고 있는데요, 설명서를 읽는 행위도 결국 독해력을 기를 수 있는 좋은 방법입니다. 독서 교육이 중요하니 하루에 책을 5권씩 읽기로 약속하는 것도 좋지만, 보드게임 설명서 읽고 규칙 이해하기 활동은 일상 속에서 자연스럽게 독해력을 키울 수 있는 아주 좋은 기회입니다.

물론 아직 6세밖에 안 된 어린아이이기 때문에 게임 규칙을 완벽하게 이해하고 설명해 주지는 못합니다. 아무렴 어떤가요? 아이 설명만 듣고 일단 그대로 게임을 진행하면서 막히는 부분이 생기면 다시 설명서를 찾아보게 할 수도 있고, 부모님과 함께 설명서를 읽으면서 '이 말은 이렇게 하라는 뜻인 것 같아' 하며 의견을 나눌 수도 있어요. 핵심은 최대한 아이 스스로 자기 주도성을 갖도록, 아이에게 호기심과 흥미를 불러일으킬 수 있는 방향이어야 한다는 것임을 기억해 주세요. 한 치의 오차도 없이 설명서에 적혀 있는 규칙 그대로 진행할 필요는 없습니다.

🏛 미션 카드 스스로 읽고 이해하기

게임 중에는 미션 카드나 이벤트 카드가 있어 해당 카드에서 요구하는 내용이 적혀 있는 경우가 있습니다. 예를 들어 〈셈셈피자가게〉에는 주방장 카드가, 〈셈셈눈썰매장〉에는 이벤트 카드가 들어 있는데요. 다양한 미션을 요구하는 그림이 그려져 있고 '주방장 카드 설명서'나 '이벤트 카드 설명서'가 따로 있어서 설명서를 읽고 해당 미션을 수행하면 됩니다. 이때에도 역시 아이가 직접 설명서를 읽고 지시사항을 따르도록 해 주세요. 사실 우진이는 제가 요구할 것도 없이 항상 '제가 읽을게요, 엄마' 하고 가져갔는데요, 이 시기 대부분의 아이들은 기본적으로 뭐든지 자신이 하고 싶어 하는 경향이 있기에 그러한 욕구를 충분히 발산할 수 있도록 섬세하게 유도해 주시면 됩니다. 비록 어른이 읽는 것보다 느리고 때로는 부정확할 수도 있지만, 그러한 과정을 꼭 지켜봐 주시고 기다려 주는 인내심이 필요합니다. 아이 주도권을 함부로 뺏는 우를 범하지 말아 주세요.

〈브레드마블〉에서는 브레드 찬스, 〈부루마블〉에서는 황금열쇠가 이벤트 카드 역할을 합니다. 이러한 카드들은 카드 자체에 미션 내용이 적혀 있어요. 매번 이런 카드를 사용할 때마다 아이에게 큰소리로 읽어 주도록 부탁하면 됩니다.

미션 카드 내용들은 보통 한 문장 정도의 간단한 지시사항으로 이루어져 있기에 게임 설명서보다는 훨씬 이해하기 쉽습니다. 설명서 읽기를 많이 어려워하는 아이라면 우선 미션 카드 스스로 읽기부터 찬찬히 접근하는 방법도 괜찮습니다.

Chapter 3

아이와 보드게임, 이것이 궁금해요

🏛 승부욕이 강해서 보드게임에서 지면 화내고 우는 아이, 어떻게 해야 할까요?

"나 안 해, 그만할 거야."

"나 이거 내 마음대로 이렇게 할 거야."

아이와 함께 즐거운 마음으로 보드게임을 시작했다가, 아이가 자신이 게임에서 지는 상황을 받아들이지 못해 결국 울음이나 짜증으로 끝이 나는 경우가 많이 있습니다. 어떤 부모님들은 이런 상황이 두렵고 싫어서 보드게임을 하지 않는다고 말합니다. 혹은 많은 부모님들께서 아이에게 다음과 같이 말합니다.

"게임을 하다 보면 이길 때도 있고 질 때도 있는 거지. 뭘 그런 걸로 속상해 하고 그래?"

"그렇게 짜증낼 거면 아예 하지 마."

사람마다 정도 차이는 있지만, 아이들뿐 아니라 어른들 누구에게나 승부욕이 있습니다. 승부욕은 우리 인간이 살아가는 원동력입니다. 승부욕이 없으면 오히려 삶의 활력을 잃어버릴 수도 있지요. 승부욕이 강하다는 것은 자신의 삶을 스스로 만들어 나가는 데 더욱 도전적인 태도를 가지고 있다는 뜻일 수도 있습니다. 다만 승부욕을 건강하게 발산하고 조절하는 능력이 중요합니다.

최근 아들을 가진 많은 부모님들의 멘토 역할을 톡톡히 해 주시는 최민준 소장님이 다음과 같이 말씀하시는 것을 들었습니다. 그리고 저 또한 이분 생각에 매우 공감합니다.

승부욕이 문제가 아니라, 미숙한 승부욕의 발현이 문제다.

승부욕 자체는 나쁘지 않다. 승부욕이 정당한 선을 넘어서서 상대방에게 분노하거나 미숙한 행동을 하는 것이 문제다.

승부욕을 나쁜 감정이라고 인식하지 않도록 하고, 대신 승부욕을 잘 조절하고 다스리는 아이로 자랄 수 있도록 도와주어야 한다.

'게임을 하다 보면 이길 때도 있고 질 때도 있는 거야'라는 말은 승부욕 자체를 나쁘게 보는 표현이라는 것이죠. 이렇게 말하는 대신, '그래, 져서 속상하겠구나. 맞아. 누구나 이기고 싶은 마음이 있어. 지면 속상한 마음이 드는 것은 당연해'라고 아이의 마음을 읽어 준 후, '지금 짜증이 많이 났니? 조금 짜증이 가라앉을 때까지 엄마가 기다려 줄게'라며 아이가 스스로 자신의 감정을 조절할 수 있도록 기다려 줍니다.

그러고는 '그렇지만 네가 속상하다고 해서 다른 사람들에게 막 화를 내거나 너의 마음대로 규칙을 바꾸는 것은 잘못된 행동이야. 그렇게 해서는 안 돼'라고, 승부욕을 건강하게 발산할 수 있도록 유도해 주어야 합니다.

'에이, 이렇게 말한다고 아이들이 말을 알아듣나요?' 하시는 분도 있을 것 같네요. 맞습니다. 아이들이 한 번에 척! 하고 말을 듣지 않죠. 오히려 아이들이 한 번에 이해하기 어렵다는 사실을 인지하고 덤덤히 받아들이면, 조금 더 상황을 객관적으로 바라보며 차분하게 대응할 수 있게 됩니다. 최소한 아이와 똑같이 짜증내거나 화를 내지는 않게 됩니다.

부모님 스스로가 승패 상황에서 어떻게 행동하는지 롤모델이 되어 주면 좋습니다. 이기고 지는 것에 크게 연연해 하지 않는 방관자적 태도가 아니라, 이겼을 때는 기쁨을 표현하고 졌을 때는 아쉬움을 표현해 줍니다. 즉, 승부욕을 잘 조절할 줄 알며 승부욕을 건강하게 발산하는 부모님 태도를 보면서 아이가 보고 배울 수 있도록 도와주는 것이죠.

사실 아이 한 명과 게임을 할 때는 부모님이 어느 정도 승패 조절을 하기 때문에 큰 어려움이 없을 수 있습니다. 하지만 형제자매가 함께할 때, 그 중에 누군가는 이기고 누군가는 지는 상황이 발생하면서 문제가 생길 때가 많지요. 보통 형이 많이 이길 테니 동생이 속상해 하거나, 가끔 동생이 이기면 형이 자존심 상해서 속상해 할 수 있습니다. 먼저 이런 상황도 지극히 자연스럽고 당연한 것임을 인정합니다. 그리고 위에서 언급했듯이 승부욕을 적절히 조절할 수 있도록 유도해 줍니다.

처음부터 경쟁 상황을 피하는 방법도 사용할 수 있습니다. 아이들을 같은 팀으로 만들어 주는 것이죠. 경쟁이 아닌 협동할 수 있는 구조를 만들어 줍니다. 부모님과 아이들의 대항전으로 게임을 하거나, 다 같이 힘을 합쳐 하나의 목표를 완성하는 미션을 주는 방식으로 접근할 수 있습니다. 실제로 찐남매들도 같은 팀으로 게임에 참여해서 이기면 자기들끼리 좋아서 하하호호 웃음이 끊이질 않더라고요.

♟ 자꾸만 규칙을 변형하려는 아이, 어떻게 해야 할까요?

보드게임이 교육적으로 활용하기 좋은 이유 중 하나는 일정한 규칙이 존재하고 게임 참여자들이 그 규칙을 잘 따라야 하기 때문입니다. 아이들은 게임을 하면서 규칙을 지키는 법, 차례를 기다리는 법을 배우게 됩니다. 그런데 때로는 규칙을 지키지 않으려고 할 때가 있습니다. 이때는 아이가 왜 규칙을 지키지 않으려고 하는지 이유를 정확히 파악한 후, 그에 따른 유연한 접근이 필요합니다.

∘ 게임 중간에 자신이 유리하도록 규칙을 바꾸려고 할 때
규칙대로 게임을 잘 진행하다가 자신이 질 것 같으면 본인에게 유리한 방향으로 규칙을 바꾸는 경우가 있습니다. 이때는 먼저, '안 돼!

게임 규칙은 꼭 지켜야 하는 거야!'라고 말해 주어야 하겠지만, 아이들은 이번에도 고집을 부리죠.

그렇다면 '그럼, 같이 게임 안 해!'라고 말하며 서로 기분이 상하는 대신, "그래, 좋아! 그럼, 네가 원하는 대로 이렇게 규칙을 바꾸자. 대신 한 번 바꾼 규칙은 이제 못 바꿔. 다음 판에서도 이 규칙대로 하는 거야"라고 말합니다. 아이는 자신이 원하는 대로 되었으니 만족하면서도, 규칙은 마음대로 바꾸면 안 되는 것임을 한 번 더 인식하게 되겠죠. 그리고 자신이 규칙을 바꾸었으니 또다시 함부로 바꾸지 못하게 됩니다. 규칙을 잘 지키도록 하는 것이 원칙이지만, 너무 원칙만을 고집하지 말고 상황에 맞게 조금은 유연하게 대처해 주세요.

∘ 게임 설명서대로 하지 않고 마음대로 하려고 할 때

많은 부모님들이 게임 설명서에 있는 규칙 그대로 해야 한다고 생각합니다. 그러나 아이들은 여러 가지 이유로 설명서대로 하지 않는 경우도 많습니다. 실제로 제가 5세 아이들과 보드게임 〈세트(SET)〉로 수업을 하면서 5세 수준에 맞게 규칙을 변형해서 진행해 본 적이 있는데요. 이 게임을 집에서 할 때 부모님은 설명서대로 규칙을 알려 주려고 하고, 아이는 수업에서 한 대로 게임을 하려고 고집해서 게임을 제대로 진행하지 못했다고 토로하신 어머니가 있었습니다.

게임 설명서에 있는 규칙은 꼭 절대적으로 받아들이지 않아도 됩니다. 우리 아이 수준에 맞게, 우리 아이 스타일에 맞게 적절하게 변형해서 즐겁게 놀면 더더욱 좋습니다. 오히려 하나의 게임을 가지고 다양하게 변형해서 즐기다 보면 창의성을 기를 수 있습니다.

우진이도 〈러시아워〉 보드게임을 하면서 문제해결이 잘 안 되면, 갑자기 주차장 놀이라고 하면서 모든 자동차들을 게임판 안에 나열하곤 했습니다. 그때 무심코 "왜 이렇게 하니? 게임 하기 싫어? 그럼 하지 마"라는 식으로 말하면 아이는 자신의 행동이 잘못이라고 여기게 됩니다. 그런데 한번 곰곰이 생각해 보세요. 아이가 갑자기 주차장 놀이를 하면 안 되는 이유가 있나요? 그것이 잘못일까요? 어차피 〈러시아워〉는 혼자 즐기는 게임이었고, 아이는 보드게임 도구들을 가지고 자신만의 창의성을 발휘하며 장난감으로 변신시켜 즐기고 있는 중일 뿐입니다. 부모님도 기꺼이 아이의 주차장 놀이에 동참해주기만 하면 됩니다.

원래 규칙이란 참여자들 간에 소통이 원활하게 이루어지도록 미리 약속해 놓은 것일 뿐입니다. 따라서 참여자들끼리 합의된 규칙으로 게임을 진행하기만 하면 어떠한 방식으로 게임을 진행하든 중요하지 않습니다. 오히려 "게임 설명서에는 이렇게 하라고 적혀 있지만, 우리 실제로 해보니 너무 시간이 오래 걸리는 것 같은데, 조금 빨리 끝낼 수 있도록 규칙을 추가해 볼까?"와 같이 우리집 상황에 맞게, 우리 아이 상황에 맞게 적절히 규칙을 변형하는 활동을 많이 해보세요.

⛫ 설명서 읽기를 힘들어하는 아이, 어떻게 해야 할까요?

"아이에게 설명서를 읽어 보라고 했더니, 보드게임 자체를 안 하려고 해요."

제 조언을 듣고 실천해 보신 어느 어머니가 설명서 읽게 하기의 어려움을 토로하시더라고요. 아이가 직접 설명서를 읽고 이해하는 과정은 결코 쉽지 않습니다. 상당한 문해력을 필요로 하지요. 아이가 설명서를 읽기 귀찮아하거나 아직 한글을 읽지 못할 수도 있습니다. 그렇다고 해서 부모님이 무조건 다 설명해 주어야 한다고 생각할 필요는 없습니다.

우선 설명서 내용을 아이와 함께 찬찬히 한 줄씩 읽으면서 대화를 나눕니다.

"이 말이 무슨 뜻일까? 여기 이 카드를 어떻게 쓰면 된다는 말일까? 이 구성품은 어떻게 놓아야 하지?"

부모님은 설명서 내용을 '읽기만' 한 후, 읽은 내용에 대한 해설은 아이에게 부탁합니다. 부모님이 모든 것을 읽고, 그것을 최대한 쉽게 차근차근 아이에게 설명해 주는 것은 오히려 바람직하지 않습니다. 아이의 이해력과 문해력, 설명 능력을 기르기 위해서는 아이 스스로 이해하고 스스로 설명하는 과정이 매우 중요하거든요. 아이는 자신의 수준에 따라 나름대로 최선을 다해 말하거나 때로는 어떤 단어의 뜻을 몰라 되물어 볼지도 모릅니다. 그렇게 주어진 텍스트를 소재로 대화하면서 이해 범위를 확장시켜 나가는 과정을 경험하다 보면, 어느새 점점 논리적이고 구체적으로 설명하는 아이를 발견하게 될 거예요.

⚖ 수준이 다른 형제자매들이 함께 보드게임을 즐기려면 어떻게 해야 할까요?

집에서 형제자매들이 함께 보드게임을 즐기는 경우, 수준이 달라 여러 가지 어려움이 있을 수 있습니다. 찐남매네도 가지고 있는 고민인데요. 완벽한 해결책은 아니더라도 최대한 보완할 수 있는 방법을 찾아보고 있답니다.

◦ 같은 팀으로 묶어 주고 번갈아 할 수 있도록 하기

예를 들어 〈치킨차차〉 같은 메모리 게임을 진행할 경우, 아무래도 오빠인 우진이 기억력이 더 빛을 발해서 늘 이기게 됩니다. 우진이와 예진이를 한 팀으로, 엄마와 아빠를 한 팀으로 묶되 번갈아가면서 게임을 진행하도록 하면 평화롭게 게임을 진행할 수 있어요.

◦ 실력이 아닌 운에 의존하는 보드게임 함께하기

실력이 아닌 운에 의존하는 보드게임들이 있습니다. 〈당근 질주 토끼 운동회〉같이 카드를 뽑거나, 〈스머프 사다리 게임〉, 〈브레드마블〉같이 주사위를 던지는 것들입니다. 운에 의존하는 게임이다 보니 나이가 어린 동생이 이길 때도 있고, 또 동생이 이기더라도 오빠의 자존심에 상처가 남지 않아요.

◦ 하나의 게임에서 수준을 달리해서 진행하기

모든 게임이 가능한 것은 아니지만, 몇몇 게임은 게임 내에서 수준을 달리해서 동시에 진행하는 것이 가능해요. 〈우봉고〉에서는 오빠는 퍼즐 조각 4개짜리 카드를, 동생은 퍼즐 조각 3개짜리 카드를 사용할 수 있고요. 〈셈셈피자가게〉의 경우 오빠는 두 자리 수 덧셈 뺄셈 카드를, 동생은 한 자리 수 덧셈 뺄셈 카드만 이용할 수 있도록 합니다.

◦ 동생에게 역할 부여하기

우진이가 하고 싶어 하는 게임 중에는 예진이에겐 아직 어려운 것들이 많아요. 하지만 '내가 내가!'를 외치며 함께하고 싶어 하는 동생을 위해서 역할을 부여해 줍니다. 주사위 던지기 역할이나 카드 뽑아주기 역할처럼요. 게임에 참여하지는 못하지만 뭔가 중요한 역할을 하는 것 같은 느낌을 주면 아이도 만족스러워합니다.

◦ 오빠에게 도움 요청하기

동생 수준에 맞는 보드게임을 할 때 사용하는 방법입니다. 〈픽미업 허니비〉를 하고 있는데, 예진이가 잘 못 찾고 있다면 '오빠 도와줘!'를 외치게 합니다. 오빠 찬스를 쓰는 것이죠. 그러면 오빠는 자신이 동생에게 도움을 주었다는 뿌듯함을 느끼며 게임에 적극적으로 참여하게 됩니다. '동생에게 역할 부여하기'의 오빠편이라고 할 수 있겠네요. 단, 동생의 도움 요청이 없는데 마음대로 도와주지는 않도록 주의해 주세요. 동생이 할 수 있는 기회마저 다 빼앗아 버리면 안 되니까요.

Chapter 4

보드게임으로 만나는 수학

01

깊은 생각, 다양한 생각을 유도하는 발문

🏛 어떻게 그 답이 나왔어?

아이의 수학적 호기심과 잠재력을 최대한 끌어내기 위해서는 어른들의 적절한 질문이 매우 중요합니다. 교육적 의도를 가지고 사고 확장을 위해 질문하는 것을 발문이라고 하는데요. 발문을 어떻게 하느냐에 따라 그 효과는 어마어마하게 달라질 수 있습니다.

그렇다면 효과적인 발문은 어떻게 해야 할까요? 이 발문이 아이로 하여금 많은 생각을 하게 하는지, 자신의 사고 과정을 반추하게 하며 사고의 폭을 넓히는지를 생각해 보면 됩니다.

예를 들어 볼게요.

"27+8을 구해 볼까?"

이것은 단순한 질문입니다. 아이에게 이 문제를 해결해 보라고 요구하는 것이죠.

이때 "답은 35예요"라고 아이가 답한 경우, 정답!! 하고 끝낸다면 발문이 전혀 이루어지지 않은 것입니다. 아이의 사고를 더 이끌어 내기 위해 다음과 같이 추가 질문을 할 수 있습니다.

"오, 맞는 것 같은데? 어떻게 35가 나왔어?"

답을 말했는데 틀렸을 경우에도, 바로 '틀렸어!'라고 말하지 않고 "아, 그래? 어떻게 그 답이 나왔어?"라고 같은 질문을 합니다.

이런 계산에 이미 익숙해진 아이라면 자신이 어떻게 계산했는지도 모르게 '35'라고 답을 했을 수도 있고, 아직 서툰 아이라면 하나하나 손가락셈으로 계산했을 수도 있지요. '35'라는 답을 말한 것은 똑같지만 아이들마다 사용한 방식은 다양할 것입니다. 위와 같은 발문은 아이가 어떻게 사고하는가를 알아볼 수 있는 출발점이 됩니다.

🏛 메타인지 능력 향상

'내가 어떻게 계산했지?'라고 다시 한 번 생각해 보는 과정은 조지 폴리아의 문제해결 과정[5] 4단계 중 마지막 반성 단계에 해당됩니다. 폴리아는 이 반성 단계를 가장 중요한 단계라고 주장했으며, 이는 최근 강조되고 있는 메타인지 능력과 매우 밀접한 관련이 있습니다. 즉, 어떤 과정을 통해 그런 결과가 나왔는지를 생각해 봄으로써 자신이 무엇을 아는지, 자신의 사고 과정이 어떤 흐름인지를 제대로 파악할 수 있는 것이죠. 더 나아가 다른 방법은 없을지를 생각해 보

---

5 폴리아의 문제해결 과정에 대한 내용은 154쪽 '러시아워 주니어' 편을 참고하세요.

는 출발점이 되기도 합니다. 정답을 말한 경우에는 자신의 사고 과정을 돌아보도록 하면서 자신이 어떤 방법을 썼는지, 왜 그렇게 했는지 스스로 생각해 볼 수 있습니다. 정답을 말하지 못한 경우라도 자신이 답을 구하는 과정을 차근차근 생각해 보면서 스스로 '아, 여기서 내가 실수한 부분이 있구나'를 깨닫고 정정할 수 있게 됩니다. 이렇게 스스로 정정한 내용은 다시 같은 실수를 반복하지 않게 하는 데 매우 큰 도움을 주지요.

🏛 아이와 대화하기

유아기와 초등학교 시기까지는 학습적인 면에서도 부모님 도움을 받는 경우가 상당히 많습니다. 따라서 아이와의 끊임없는 발문과 대답을 통해 현재 아이의 사고 수준이 어느 정도인지, 앞으로 학습 계획을 어떻게 세워야 하는지 파악할 수 있습니다. 저 또한 우진이에게 '어떻게 그런 결과가 나왔어?'라고 물어봄으로써 '아, 우진이가 이런 것을 알고 있구나', '이런 식으로 생각하고 있구나'라고 파악하게 되었죠. 정답을 맞히는 것에만 초점을 맞추었다면 결코 알아내지 못했을 사실들이었습니다. 다음 일화를 하나 소개합니다.

> 😊 엄마, 13 곱하기 2는 26이에요.
>
> 😊 오~ 그러네? 그거 어려운 건데, 어떻게 알았어?
>
> 😊 (잠시 생각) 11 곱하기 2는 22이지요? 그리고 2 곱하기 2는 4니까

22에 4를 더하면 26이 돼요.

사실 엄마는 "13 더하기 13이 26이니까요"라는 뻔한 대답을 예상했으나, 그 예상은 제대로 빗나갔지요. 아이는 늘 엄마의 생각보다 창의적입니다. 정답을 맞히는 데만 급급하여 "오, 맞았어." 하고 이 대화를 끝냈다면 우진이의 이 놀라운 생각을 알아채지 못했을 거예요.

우진이한테 어떻게 그런 결과가 나왔는지 되물어 봄으로써 저는 우진이가 '덧셈에 대한 곱셈의 분배법칙'이라는 수학 개념과 구조를 잘 이해하고 있음을 알 수 있었습니다. 또, 우진이는 자신의 계산 과정을 곰곰이 되돌아보고 이를 논리적으로 설명해 봄으로써 본인이 가지고 있던 개념을 강화하는 메타인지적 학습을 할 수 있었습니다. 이러한 분배법칙 아이디어를 바탕으로 곧 두 자리 수 곱셈도 쉽게 할 수 있었습니다.

여기서 '그냥 13 더하기 13을 하면 26이라는 쉬운 방법이 있는데, 왜 굳이 그렇게 어렵게 생각해?'라고 반응하지 않도록 주의해 주세요. 답에 이르는 가장 빠른 길을 찾는 것이 아니라, 답에 이르는 다양한 경로를 탐색하고 생각하는 와중에 사고의 폭을 확대하는 것이 목표이기 때문입니다. 언젠가는 13 곱하기 2가 26이 된다는 사실을 쉽게 알게 되는 날이 오겠죠. 부모의 역할은 그 발견을 스스로 해낼 수 있도록 기다려 주는 것뿐입니다.

보드게임을 할 때뿐만 아니라, 모든 일상 대화에서 "왜 그렇게 생각했어?"라는 질문은 정말 중요해요. 사실상 부모님의 역할은 이 질문을 던지는 것. 그것뿐입니다. 어때요, 정말 쉽고 간단하지 않나요? 부모님이 많은 것을 알려 주고 설명해 주어야 한다는 부담감에서 벗어나셨나요? 이제 설명은 부모님이 아닌, 아이들이 할 수 있도록 해 주세요. 아이들은 부모님에게 자신의 생각을 설명할 수 있다는 사실 그 자체만으로도 큰 즐거움을 느낀답니다.

보드게임과 발문

🏛 올바른 연산 학습법

흔히 연산 하면 어떤 이미지가 떠오르나요? 학습지에 연산 문제가 10개, 20개씩 빼곡히 있어서 답을 적고 채점하고 몇 개 맞았는지 점수 매기고… 이런 이미지가 떠오르는 분이 많을 겁니다. 약간은 지루하고 따분한 이미지이지요. 어른들에게도 그리 느껴지는데 아이들은 오죽할까요? 지루한 걸 알면서도 '연산이 중요해', '연산은 어릴 때 끝내야 나중에 편해' 같은 소문들에 휘둘려 우리 아이들에게 강요만 하고 있지는 않으신가요?

연산, 물론 매우 중요합니다. 정말 중요합니다. 그런데 왜 중요할까요?

'연산을 빠르고 정확하게 해야 어려운 문제들을 해결할 수 있으니까.'

아마 많은 분들이 이렇게 생각하셨을 거예요. 맞습니다. 중학생,

고등학생이 되어서 어려운 수학 문제들을 풀어 내야 하는데 기초적인 사칙연산이 빠르고 정확하지 않다면 큰 어려움에 봉착하게 됩니다. 그런데 아무리 연산이 빠르고 정확해도 어려운 문제들을 풀어 내지 못한다면 결국 좋은 결과를 내지 못하는 것은 똑같겠죠. 연산 중심으로 학습하는 초등학교까지는 수학을 잘하는 것 같던 아이가 중·고등학교에 가서 고전을 면치 못하는 이유입니다. 우리의 최종 목표는 빠르고 정확한 연산이 아니라 어려운 수학 문제, 즉 사고력을 요하는 문제들을 제대로 풀어 내는 것입니다. 어릴 때부터 자연스럽게 터득한, 생각하는 힘이 매우 중요하다는 뜻이죠.

그래서 저는 연산과 사고력을 구분 짓는 최근 흐름에 동의하지 않습니다. 연산 학습 자체를 사고력을 강화하는 방향으로 해야 한다고 생각해요. 지루하기도 하고 사고력 향상에도 큰 도움이 되지 않는 반복적이고 기계적인 연산 학습은 지양해야 합니다. 우리는 얼마든지 연산 학습을 통해서도 생각하는 힘을 기를 수 있습니다. 특히, 하나의 문제를 다양한 방식으로 해결하는 연습은 유연하고 통찰력 있는 사고력을 기르기 위해 매우 중요합니다.

다시 앞에서 했던 질문에 답해 보겠습니다.

"27+8을 구해 볼까?"

27+8을 구하는 방법은 매우 다양합니다.

이 문제를 처음 접하는 경우라면 열심히 손가락, 발가락을 이용해서 구할지도 모릅니다. 뒤에서 다시 언급하겠지만 어린아이들에게는 구체물과 맥락을 이용한 학습이 매우 중요합니다. 손가락은 언제 어디서든 편하게 사용할 수 있는 아주 훌륭한 구체물이에요.

손가락을 이용해서 하나하나 세어 나가는 활동이 충분히 이루어졌다면 이제 다양하게 조작하는 활동을 해볼 수 있습니다.

1. 8을 3과 5로 쪼갠 후, 27에 먼저 3을 더하고 추가로 5를 더한다.

2. 27을 25와 2로 쪼갠 후, 2와 8을 먼저 더해 25에 10을 더한다.

3. 8은 10에서 2를 뺀 것이므로, 27에 10을 더한 후 2를 뺀다.

4. 27은 30에서 3을 뺀 것이므로, 30에 8을 더한 후 3을 뺀다.

5. 7 더하기 8을 자신만의 방법으로 계산해서 15임을 알아낸 후, 20을 더한다.

🏛 보드게임하며 적절한 발문으로 연산사고력 높이기

덧셈, 뺄셈 연습을 할 수 있는 보드게임으로 앞에서 〈로보77〉과 〈셈셈피자가게〉를 소개했습니다. 단순히 연산 연습이 가능하다는 데서 그치는 것이 아니라, 게임을 하면서 자연스럽게 아이가 위와 같은 사고를 할 수 있도록 발문해 준다면 깊이 있는 사고력을 기반으로 한 연산 학습에 매우 훌륭한 교구가 됩니다. 특히 〈셈셈피자가게〉의 덧셈, 뺄셈 카드 한 귀퉁이에는 위와 같이 10의 보수를 이용하거나 10단위로 나누어 계산할 수 있는 힌트도 제시되어 있으니 잘 활용한다면 큰 도움을 받을 수 있습니다.

"27에다 10을 더하면 얼마가 되지? 그런데 우리는 8을 더하려고 하는 거잖아? 그럼, 27에 10을 더한 다음 어떻게 하면 좋겠어?"

"27에다 얼마를 더하면 30이 될까? 그런데 우리는 8을 더하려고 하는 거잖아? 그럼, 27에 3을 더한 다음 얼마를 더 더하면 되겠어?"

아이가 아직 덧셈을 어려워하는 상황이라면 이런 발문을 통해서 같이 생각해 보면 좋겠고요. 만일 아이가 스스로 답을 말했다면 앞에서 이야기한 것처럼 "어떻게 그런 답이 나왔어?" 하고 물어봅니다. 아이 대답에 따라 때로는 "오, 그렇게 생각했구나. 참, 좋은 생각인데!" 하고 칭찬과 격려를 해 주기도 하고, 때로는 "너는 그렇게 생각했구나, 엄마는 이번에는 이런 방법으로 생각했어"라면서 다양한 방식으로 생각할 수 있음을 넌지시 전해 주기도 합니다.

보드게임의 큰 장점은 종이와 연필을 이용하는 것이 아니라 말로 설명하고 표현하는 상황이 아주 자연스럽게 이루어진다는 것입니다. 보드게임을 통해 말로 설명하는 연습이 충분히 이루어진 후, 다음과 같이 식으로 표현해 봄으로써 최종적으로 수학 세계에서의 언어와 규칙으로 정리하기까지 나아갈 수 있다면 가장 훌륭한 방향입니다.

1. $27+8=27+3+5=30+5=35$

2. $27+8=25+2+8=25+10=35$

3. $27+8=27+10-2=37-2=35$

4. $27+8=30-3+8=38-3=35$

5. $27+8=20+7+8=20+15=35$

고등학생들을 가르치다 보면 자신만의 풀이 방법을 고집하며 한 가지 접근 방법만 이용해 문제를 풀려고 하는 아이들이 많이 있습니다. 주로 수학 개념에 대한 이해가 부족하고, 문제해결 능력에 어려움을 보이는 학생들이죠. 문제해결에 자신감이 없으니, 생각을 최대한 적게 하면서도 가장 성공률이 높았던 한 가지 방법만 사용하고 싶어 하는 것입니다.

한 문제를 다양한 방법으로 해결하면서 그때그때 상황에 따라 적절한 해결 방식을 자유자재로 선택할 수 있다면 연산의 정확성과 속도는 저절로 빨라지게 됩니다. 생각하는 연습이 자연스럽게 이루어졌기 때문에 문제해결 능력 자체도 향상됩니다. 사실 연산뿐 아니라 모든 수학 학습에서는 다양한 방식으로 접근하며 문제해결 아이디어를 찾는 활동이 사고의 깊이를 더하는 데 매우 중요합니다.

잘 설명한다는 것은 잘 안다는 것의 다른 표현

🏛 설명하기는 최고의 학습 방법

어떤 주제를 가지고 수업을 할 때, 가장 열심히 공부하는 사람은 바로 선생님이라는 말이 있습니다. 해당 내용을 학생들에게 효과적으로 전달하며 설명하기 위해서는 그 내용에 대한 심층적인 이해가 필요하기 때문이죠. 누군가에게 설명해 줄 수 있다는 것은, 그 내용을 거의 완벽하게 숙지하고 있다는 뜻이기도 합니다. 또, 상대방이 이해하도록 하기 위해 어떻게 잘 설명해야 할까 고민하면서 자신이 정확하게 아는 것과 그렇지 않은 것을 구별하는 메타인지 능력도 향상됩니다.

《하루 30분 수학》의 저자 최수일 수학교육연구소장도 수학에서 개념학습의 중요성을 역설하면서 수학 개념을 학습하는 유일한 방법이자 최고의 방법은 표현하고 설명하는 것임을 강조합니다. 아이와 함께 수학 개념이나 지식에 대해 대화를 나누면서 아이에게 설명을 부탁해 보세요. 또, 아이가 왜 그렇게 생각했는지 혹은 왜 그런 결과가 나왔는지 설명해 달라고도 이야기해 봅니다.

🏛 의사소통 능력 향상

앞에서 '왜 그렇게 생각했어?' 하고 물어보는 발문의 중요성에 대해 언급했습니다. 그러면 아이는 스스로 자신의 사고과정을 되돌아본 후, 그 질문에 답하기 위해 어떻게 말할까 고민하기 시작합니다. 부모님에게 설명하기 과정이 자연스럽게 연결되는 것이죠. 자신의 사고 과정을 다른 사람들에게 설명하며 소통하는 일을 통해 최근의 수학 교육과정에서 매우 강조되고 있는 의사소통 능력을 기를 수 있습니다. 또, 설명하는 과정에서 자신의 사고방식에 대한 명확한 인지가 이루어지며, 이는 다시 스스로의 방식을 정리하며 되돌아보도록 하는 선순환을 가져옵니다. 메타인지 능력과 의사소통 능력이 동시에 향상되는 것이죠.

🏛 부모가 할 일은 잘 들어주는 것

부모님과 아이가 함께 수학 공부를 합니다. 이때 '듣는' 사람은 누구고, '설명하는' 사람은 누구일까요? 보통 부모님이 개념이나 해결 방법에 대한 설명을 해 주고, 아이는 부모님 설명을 열심히 듣고 이해하는 방식으로 학습이 진행되는 경우가 많습니다. 학원을 다닌다고 해도 마찬가지죠. 선생님이 설명하고, 아이는 듣습니다. 최대한 이해하기 쉽게 설명하는 선생님이 잘 가르치는 선생님이라고 생각하면서요. 하지만 이는 진짜 공부를 하는 방법과 완전히 반대로 하는 것입니다. 진정한 학습이 이루어지려면 '듣는' 공부, '보는' 공부가 아니라, 자신이 직접 '쓰는' 공부, '생각하는' 공부를 해야 합니다.

꼭 학습적인 측면이 아니더라도, 아이의 말에 귀 기울이며 잘 듣는 일은 매우 중요합니다. 일반적인 인간관계에서도 다른 사람들 말을 잘 들어주는 기술, 즉 경청을 잘하는 것이 좋은 관계 형성에 정말 중요하듯이, 부모님과 아이 관계도 마찬가지입니다. 아이는 늘 자신의 이야기를 들어줄 사람을 원합니다. 그 사람이 내가 제일 사랑하는 부모님이라면 더할 나위 없이 행복하고 자존감도 올라가겠죠. 아이의 한 마디, 한 마디에 귀 기울여 주세요. 아이는 스스로 중요한 사람이 된 느낌이 들며 세상에 대한 자신감이 생길 것입니다. 그것만으로도 듣기 효과는 충분합니다.

아이에게 지식을 전달하려고 애쓰지 말고, 지식을 이끌어 내려고 노력해 주세요. 설명하기는 아이의 몫으로 넘겨주고, 부모님은 듣는 역할을 담당해 주세요.

"어떻게 그런 답이 나왔어?"

"왜 그렇게 생각했어?"

라는 질문은 아이가 말하고 설명하도록 이끌어 줍니다.

보드게임과 설명

🏛 설명이 자연스러워지는 보드게임

어떤 개념이나 방식을 설명하는 능력은 하루아침에 길러지지 않습니다. 또, '설명하기' 수학 학습법이 중요하다는 말을 듣고 어느 날 갑자기 아이에게 '분수 개념을 설명해 봐'라고 한다고 해서 아이가 술술 설명할 수 있게 되거나 아이의 수학적 호기심을 자극할 수 없습니다. 어릴 때부터 자연스럽게 설명하는 상황에 노출되면서 습관처럼 설명하는 능력을 쌓는 데는 보드게임이 정말 큰 도움이 됩니다.

처음 보드게임을 하기 위해서는 게임설명서를 읽고 이해해야 하고, 내가 알고 있는 게임 규칙을 다른 사람에게 이해하기 쉽게 설명해야 합니다. 처음 하는 보드게임 규칙에 대한 설명을 부모님이 아이에게 하는 것이 아니라, 아이가 부모님에게 할 수 있도록 이끌어 주세요. 뿐만 아니라, 보드게임을 진행하면서 끊임없이 지금 어떤 상황인지, 나는 지금 무슨 일을 했는지, 어떤 전략을 사용했는지 등을 설명하는 대화를 주고받으며 활발히 상호작용할 수 있습니다.

🏛 보드게임 속에서 만나는 설명하기

서로 다른 4가지 속성이 모두 같거나 모두 다른 3장의 카드를 찾아 가져오는 〈세트(set)〉 게임을 예로 들어 보겠습니다. 아이가 '세트!'라고 외친 후 3장의 카드를 가져가면 진짜 세트가 맞는지, 왜 세트라고 생각했는지 물어볼 수 있습니다. 아이는 자신이 옳음을 주장하기 위해 4가지 속성에 대해 차근차근 설명하게 되며, 이 과정에서 혹시 잘못 가져왔다면 스스로 자신의 실수를 발견하게 됩니다.

공통 속성을 찾는 〈픽미업 허니비〉나 〈모자를 찾아라!〉 게임에서도 서로 다른 주사위 3개를 던진 후, 어떤 것을 찾아야 하는지 직접 말할 수 있도록 합니다. 〈픽미업 허니비〉라면 '빨간색, 2개, 웃는 얼굴', 〈모자를 찾아라!〉라면 '마술사 모자, 연두색, 꽃모양'처럼요. 이러한 활동을 통해 논리적 근거를 가지고 설명하는 힘을 기를 수 있습니다.

앞에서 소개한 연산 학습에 도움이 되는 〈셈셈피자가게〉나 〈브레드마블〉 같은 게임을 할 때에도 왜 그런 답이 나왔는지 아이가 직접 설명하게 합니다. 아이가 말한 수가 정말 답이 맞는지 믿을 수 없다는 표정으로 물어보면 아이는 자신이 맞았음을 주장하기 위해 적극적으로 설명하기 시작하지요. 논리적 설명과 함께 맞는 답을 이야기하면 부모님께서는 "오, 그러네 정말"과 같이 적극적으로 반응해 주시면 됩니다.

논리추론 능력에 도움이 되는 〈다빈치코드〉 역시 왜 그 수를 불렀는지 논리적으로 설명할 수 있도록 유도해 보세요. 특히 상대방 타일 수를 맞혔다면 자신이 왜 그렇게 생각하고, 맞힐 수 있었는지 신이 나서 설명할 수 있습니다.

이처럼 수연산, 도형, 논리 어떤 영역이든 상관없이 설명하는 상황에 자연스럽게 노출되는 보드게임은 설명학습을 위한 최고의 교구인 셈입니다. 보드게임을 즐기는 사이에 나도 모르게 '설명하는 능력'이 쑥쑥 올라가게 되겠지요.

🏛 문제 만들기 또한 능동적 사고의 핵심

주어진 문제의 답을 구하는 것이 아닌, 문제를 직접 만들어 보는 활동은 한 차원 더 높은 수학적 사고력을 요구합니다. 특히, 연산 학습이라면 원하는 답이 나오게 하기 위해 연산 기호를 적절히 활용하여 문제를 만드는 활동을 해볼 수 있습니다. 이러한 활동에 아주 좋은 보드게임이 〈자석 달팽이 우주여행〉과 〈셈셈롤러코스터〉, 〈파라오코드〉입니다.

위 게임들에서는 주어진 수들과 사칙연산을 이용해서 내가 원하는 목표수를 잘 만들어야 합니다. 즉 답이 먼저 주어지고, 그러한 답이 나오도록 문제를 만들어야 하는 것이죠. 먼저 〈자석 달팽이 우주여행〉으로 기본적인 연습을 한 후, 〈셈셈롤러코스터〉나 〈파라오코드〉를 통해 본격적으로 연산문제 만들기를 하면 좋습니다.

특히 〈셈셈롤러코스터〉는 괄호까지 포함하여 식을 직접 만들어 표현하도록 요구하고 있어 게임 활동 자체가 곧 문제 만들기 연산학습이 됩니다. 굉장히 다양한 방법으로 접근할 수 있으며 고민을 더 많이 하면 할수록 더 높은 점수를 얻을 수 있기 때문에 저절로 생각할 수밖에 없습니다. 주어진 문제의 답을 기계적으로 해결하는 수동적인 태도에서 주어진 답이 나오기 위해 다양한 방식으로 문제를 만드는 능동적인 태도로 전환되는 것이죠.

구체물과 맥락을 통한 학습의 중요성

🏛 구체물과 맥락은 유아기의 핵심

스위스의 저명한 교육학자이자 발달심리학자인 장 피아제(Jean Pia-get, 1896~1980)의 인지 발달 이론에 따르면, 아동의 발달 단계는 감각운동기(0~2세), 전조작기(2~7세), 구체적 조작기(7~11세), 형식적 조작기(11세 이후)로 나뉩니다. 전조작기, 구체적 조작기에 해당하는 유아 및 초등학생들은 아직 형식적이고 추상화된 내용을 받아들이기 어렵다는 뜻입니다. 따라서 구체적이고 익숙한 사물이나 대상에서 시작하여 추상적 개념으로 차근차근 나아가는 과정이 필요합니다. '구체물'과 '맥락'을 이용하는 것이죠. 다음은 실제 예진이와의 대화 내용입니다.

🙂 예진아, 3 더하기 2는 뭐지?

🙂 몰라요.

👦 여기 귤 3개가 있어. 엄마가 귤 2개를 더 가지고 오면 총 몇 개일까?

👶 다섯 개!!

교육학을 공부하지 않은 예진이 아빠는 위 대화에 꽤 당황하더라고요. 어른들이 보기엔 '3 더하기 2'를 하는 것과 '귤 3개에 귤 2개를 더하는 것'이 같은 능력을 필요로 하는 것 같지만, 아이들에게는 그렇지 않다는 것을 보여주는 일화입니다. 유아기와 초등학생 시기에는 구체물과 맥락을 이용한 학습이 매우 중요한 이유가 되겠죠.

🏛 맥락이 있는 연산

사칙연산을 배우고 난 후, 네 가지 연산이 섞여 있는 혼합 계산을 학습하게 됩니다. 혼합계산을 할 때의 기본 규칙은 곱셈, 나눗셈을 먼저 하고, 덧셈, 뺄셈을 나중에 하라는 것이죠. 그런데 왜 그런 규칙이 생겼는지 생각해 보셨나요? 그냥 그렇게 정한 거니까 외워서 계산하면 될까요? 왜 우리는 덧셈, 뺄셈이 아니라 곱셈, 나눗셈을 먼저 하는 규칙을 만들게 되었을까요? 다음과 같은 상황을 생각해 봅시다.

※ 지우는 문방구에 가서 연필 5자루, 지우개 3개, 공책 6권을 사려고 합니다. 연필은 한 자루에 300원, 지우개는 하나에 200원, 공책은 한 권에 400원이라고 할 때, 지우가 지불해야 할 금액은 얼마인지 계산해 보세요.

① 지우가 지불할 금액을 식으로 나타내 보세요.
② 지우가 지불해야 할 금액을 계산해 보세요.

위 문제에서 지우가 지불할 금액을 식으로 나타내면, $300 \times 5 + 200 \times 3 + 400 \times 6$이 됩니다. 덧셈과 곱셈이 혼합된 식이 만들어지죠. 이제 이 식을 계산하면 지우가 지불해야 할 금액이 나올 텐데요. 어떻게 계산해야 할까요? $300 \times 5, 200 \times 3, 400 \times 6$을 각각 계산한 후 이 금액들을 모두 더해야 함을 자연스럽게 생각하게 됩니다. 곱셈은 덧셈을 압축한 연산이라는 것, 따라서 덧셈과 곱셈이 혼합된 식이 있을 때 곱셈식을 먼저 계산해야 한다는 것은 이와 같은 맥락에서 이해할 수 있습니다.

이런 맥락적 요소가 모두 무시된 채로 아이들에게 "혼합 계산 문제는 무조건 곱셈, 나눗셈을 먼저 하면 돼"라고 알려 주고 문제만 반복적으로 풀게 한다면 과연 아이가 수학의 의미와 가치를 제대로 느끼고, 수학적 호기심을 지속시킬 수 있을까요?

요즘에는 초등학교 때부터 문장제 문제가 강화되고, 스토리텔링 방식의 수학이 강조되고 있습니다. 수학을 단순 계산의 반복으로 생각하고 그러한 학습 방식에 길들여진 아이들은 오히려 이러한 문장제 방식의 문제를 더 어려워하기도 하지요.

위의 예진이 일화에서 알 수 있듯이, 문장제 방식은 구체적인 상황과 맥락에서 해결하기 때문에 오히려 더 쉽게 느낄 수 있어야 합니다. 그리고 그것이야말로 구체적 상황 속에서 간결하게 조직해 내고 일반화, 추상화 과정으로 나아간다는 수학이라는 학문의 본질적 특성에 가깝습니다.

보드게임과 맥락

♨ 맥락이 있는 보드게임

앞에서 예로 든 상황이 보드게임을 할 때 흔히 일어납니다. 보통 점수를 계산할 때 이런 일이 많이 발생하지요.

〈우봉고〉에서는 보석 색상에 따라 각기 다른 점수가 정해져 있습니다. 빨간색은 4점, 파란색은 3점, 초록색은 2점, 갈색은 1점이지요. 게임을 총 9세트 진행한 후, 가져온 보석들의 점수를 더해 최종 승자를 결정하는데요. 예를 들어, 빨간색 3개, 파란색 5개, 초록색 2개, 갈색 4개를 가진 플레이어는, 4×3+3×5+2×2+1×4=12+15+4+4=35(점)을 얻게 됩니다. 덧셈을 압축한 연산이 곱셈이라는 사실뿐 아니라, 덧셈과 곱셈 연산이 섞여 있을 때 곱셈을 먼저 해야 하는 이유를 자연스럽게 터득할 수 있습니다.

〈브레드마블〉처럼 돈 계산을 하는 보드게임 또한 비슷한 맥락의 계산을 하게 됩니다. 게임 종료 후 자산을 계산하는 과정에서 만 원짜리, 오천 원짜리, 천 원짜리, 오백 원짜리, 백 원짜리 돈이 각각 몇 개씩 있느냐에 따라 각 금액권별로 더한 후, 최종 합계를 구하는 것이죠.

사실 모든 보드게임은 '정해진 규칙에 따라 게임을 진행하는' 스토리가 있기에 그냥 그 자체로도 충분히 맥락 속에서 이루어지는 활동입니다. 종이 위에 적힌 1부터 100까지의 수를 그냥 무작정 따라 읽는 것보다 〈스머프사다리게임〉을 하면서 자연스럽게 읽는 상황이, 딱딱한 계산 문제투성이의 학습지를 푸는 것보다 〈셈셈피자가게〉나 〈셈셈롤러코스터〉 등을 하면서 자연스럽게 계산하는 상황이 아이들에게 더욱 흥미를 북돋워 주고 자신의 활동에 대한 정당성을 부여해 줍니다. 따라서 보다 적극적으로 참여하게 되는 것이죠.

🏛 구체물을 다루는 보드게임

한편, '수' 영역 못지않게 '도형' 영역도 중요한데요. 수학은 크게 대수와 기하의 두 축으로 이루어져 있습니다. 게다가 고등학교 수학 에서는 대수와 기하의 대통합이 이루어지는 매우 획기적인 상황을 마주하게 됩니다. 초등학교 1학년 교과서에서 '모양'이라는 용어로 처음 다루는 도형 영역은 우리 주변의 모든 사물들과 연결되어 있다 고 생각해도 무방합니다.

정사각형을 여러 개 이어 붙여 만든 폴리오미노 도형 전부를 이용 한 〈블로커스〉나 폴리오미노 도형 일부를 이용한 〈우봉고〉를 통해 서 다양한 도형들을 직접 만지고 다룰 수 있습니다. 특히, 회전이나 대칭이동 개념을 형성할 수 있으며 다양한 공간 감각을 기를 수 있 지요. 특히 〈우봉고 3D〉는 머릿속으로는 상상하기 힘든 입체 도형을 다루고 있어 구체물을 통한 학습에 매우 유용합니다. 혼자서 즐기기 좋은 〈코잉스〉나 〈러시아워〉도 구체물을 다루며 논리적 사고력을 키우기에 아주 좋은 보드게임이고요.

04

개념 파악은 수학의 핵심

🏛 수학에서는 개념이 중요하다는데

이런 말을 어디선가 한 번쯤은, 아니 꽤 여러 번 들어보셨을 겁니다. 여기저기서 수학을 잘하려면 개념부터 차근차근 쌓아야 하고, 개념을 중심으로 학습해야 한다고 합니다. 맞는 말입니다. 당연히 개념이 중요합니다. 그런데 개념이란 도대체 무엇일까요? 개념학습을 한다는 것은 어떻게 공부한다는 뜻일까요? 탄탄한 개념은 얼마나 강력한 힘을 발휘하는 걸까요? 이 모든 질문에 대한 답을 찾아보겠습니다.

🏛 도구적 이해와 관계적 이해

교사 출신의 영국 수학교육학자 리처드 스켐프(Richard Skemp)는 수학 개념을 이해하는 과정을 도구적 이해와 관계적 이해로 나누어 설명합니다. 어떤 문제를 푸는 규칙을 알고, 규칙과 절차대로 문제해결을 하는 것을 도구적 이해라고 한 반면, 수학적으로 그렇게 하는 방법과 이유, 개념적 구조를 알고 문제를 해결하는 것을 관계적 이해라고 했지요. 개념을 이해한다는 것은 곧 관계적 이해에 도달했다는 것을 의미합니다.

예를 들어 25 곱하기 13을 계산해 볼까요?

우리는 보통 세로셈으로 바꾸어 왼쪽 그림과 같이 계산합니다. 만일 아이가 이렇게 계산했다면 도구적 이해에 그쳤는지, 관계적 이해까지 해냈는지 그 결과만 가지고 알아낼 수 없습니다. 그런데 우리는 보통 답이 맞았는지 틀렸는지에만 관심이 있지요. 더 초점을 맞추어야 할 부분은 관계적 이해까지 나아갔는지 여부입니다. 도구적 이해에만 그쳐 기계적으로 연산 학습을 한 아이는 지금 당장은 빠른 속도로 잘 푸는 것처럼 보여도 조금만 사고를 요하는 상황을 만나면 '수학은 역시 너무 어려워'를 외치며 그 벽을 넘지 못하게 되는 것이죠.

이 세로셈을 하는 과정을 자세히 분석해 볼까요? 먼저 첫 줄에 75를 쓰게 되는 과정을 살펴보겠습니다. 13을 10과 3으로 나누어 25 곱하기 3을 계산한 결과죠. 다시 25를 20과 5로 나누어 각각에 3을 곱해서 더합니다. 이 과정을 한 번에 하려다 보니 위에 작은 글씨로 1을 쓰고 나중에 더하는 것이지요. 사실상 여러 번의 분배법칙 과정을 거친 결과를 압축하여 한 줄로 표현하는 것입니다. 이렇게까지 깊이 있게 알지는 못해도, 적어도 두 자리 수 곱하기 두 자리 수 연산을 왜 이런 방법으로 하는지 아이가 설명할 수 있어야 관계적 이해에 도달한 것이라 볼 수 있습니다.

이번에는 우진이의 접근 방식을 알아볼까요? 찐남매네 집에서는 주로 목욕을 하면서 이런 문제를 묻고 답하는 대화가 이루어집니다.

🧒 엄마, 곱하기 문제 내 주세요.

👩 흠, 알았어. 25 곱하기 13은?

🧒 먼저 25에다가 10을 곱해요. 그럼 250이죠? 또, 25에다가 3을 곱하면 25를 세 번 더하면 되니까 75예요. 250에다 75를 더하면? 250에 70을 더하면 320이고, 여기에 5를 더하면⋯ 정답은 325!!

👩 오, 그렇구나!

아직 세로셈 기술을 익히지 못했지만, 곱셈 개념과 구조를 정확히 이해하고 있다고 여겨집니다. 이런 과정이 충분히 이루어진 상태에서 적절한 시기에 세로셈 방법까지 추가한다면 왜 그렇게 계산해야 하는지 자연스럽게 이해하게 될 것입니다. 또, 상황에 따라 적절하게 빠르고 정확한 방식을 선택하거나 다양한 방법으로의 응용과 확장도 할 수 있으리라 기대합니다.

🏛 대부분의 초등수학 개념은 실생활에서 얻는다

어느 날 학습지를 하다가 '짝수'와 '홀수'라는 용어가 보입니다. 또는 상가 엘리베이터 앞에서 '짝수층', '홀수층'이라고 붙어 있는 문구를 발견합니다.

"엄마, 짝수 홀수가 뭐예요?"

자, 아이의 이 질문에 여러분은 뭐라고 답하실 건가요? 실제로 우진이에게 이 질문을 처음 받았을 때 저는 이렇게 대답했습니다.

> 🙂 귤이 6개가 있어. 우진이, 예진이가 똑같이 나누어 먹으려면 몇 개씩 가지면 될까?

> 🙂 세 개씩이요.

> 🙂 맞아, 그렇게 똑같이 나누어 먹을 수 있는 수를 짝수라고 해. 그러니까 6은?

> 🙂 짝수요.

> 🙂 그런데 귤이 7개가 있어. 우진이, 예진이가 똑같이 나누어 먹을 수 있을까?

> 🙂 안 돼요. 3개, 4개씩 먹을 수 있어요.

> 🙂 그렇지? 3개, 3개씩 나누면 1개가 남아서 똑같이 나눌 수 없네. 그런 수를 홀수라고 해. 그러니까 7은?

> 🙂 홀수요.

> 🙂 자, 그럼 여기서 퀴즈! 5는 홀수일까, 짝수일까? 8은? 9는? 10은?

우진이는 이렇게 짝수와 홀수 개념을 익혔습니다. 저의 짝수와 홀수 설명 방법은 수학적으로 정확한 개념에 바탕을 두고 있어요. 실제로 짝수란 2로 나눈 나머지가 0인 수, 홀수란 2로 나눈 나머지가 1인 수이거든요. 또는 짝수란 2의 배수, 홀수란 2의 배수가 아닌 수라고 하기도 하고요. 초등학교 2학년 교과서에 처음 등장하는 개념이지만, 설명 방식에 따라 유아들도 충분히 받아들일 수 있습니다.

짝수, 홀수 개념을 획득한 우진이는 상가 앞 엘리베이터에서 '짝수층', '홀수층'이라는 문구를 읽고 반갑게 말합니다.

"엄마, 짝수층, 홀수층이에요."

솔직히 말하면 저는 이미 짝수, 홀수에 대한 민감도가 낮은 상태이기 때문에 그 문구를 보고도 별 대수롭지 않게 생각했어요. 그런데 이제 막 짝수, 홀수 개념을 깨달은 우진이에게는 그것이 세상에 대한 새로운 이해로 다가왔나 봅니다. 우진이의 발견 덕분에, 우리가 가고자 하는 곳이 짝수층인지, 홀수층인지 말해 보며 짝수, 홀수에 대한 이해의 폭을 더 넓힐 수 있는 기회가 되었습니다.

이렇듯 초등학교에서 다루는 대부분의 수학은 실생활과 밀접하게 연관 있으며 실생활에서 유용하게 쓰입니다. 사칙연산, 홀수와 짝수, 약수와 배수, 분수와 소수, 비와 비율, 평면도형과 입체도형 등의 개념들은 모두 실생활에서 우리가 흔히 사용하는 것들입니다. 맥락 없고 딱딱한 학습지 문제 풀이를 하는 대신 부모님과의 대화를 통해, 아이가 만나는 다양한 세상을 통해 충분히 많은 학습을 할 수 있다는 뜻이죠. 이런 방식의 학습을 통해서 얻은 개념은 아이가 훨씬 더 깊은 이해를 할 수 있도록 도와줍니다.

보드게임과 개념

🏛 10의 보수에서 경우의 수까지

앞에서 5의 보수, 10의 보수 개념을 익힐 수 있는 〈할리갈리〉나 〈셈셈수놀이〉 보드게임을 소개했습니다. 한 자리 수의 덧셈 연습뿐만 아니라, 우리가 사용하는 십진법 세계에서 중요한 5 만들기, 10 만들기 활동까지 할 수 있는 게임이었죠. 5의 보수나 10의 보수 개념은 덧셈, 뺄셈 개념을 관계적으로 이해하기 위한 매우 중요한 개념입니다. 초등학교 1학년 교육과정에서 10 모으기와 가르기를 중요하게 다루는 이유이기도 하죠.

아이들은 〈할리갈리〉나 〈셈셈수놀이〉를 하면서 다양한 방식의 5 만들기, 10 만들기 상황에 자연스럽게 노출됩니다. 이 과정에서 꼭 2개의 수로만 만들지 않고 3개 혹은 4개의 수로도 5나 10을 만들 수 있음을 인식합니다. 또, 수의 순서를 바꿔도 상관없음을, 즉 교환법칙이 성립함을 감각적으로 느끼게 됩니다.

여기서 더 나아가 5를 만드는 방법의 수, 10을 만드는 방법의 수까지 구해 보는 과정은 '경우의 수' 단원에서 요구하는 논리적 수 세기와 매우 밀접한 연관이 있습니다. 예를 들어 5를 만드는 방법의 수를 구하려면 더하는 수의 개수에 따라 2개, 3개, 4개, 5개로 나누어 구한 후 모두 더하면 됩니다. 이것이 바로 합의 법칙이지요. 여기서 기준을 어떻게 설정하는지가 중요한데, 꼭 한 가지 방법만 있는 것은 아닙니다. 기준을 1이 들어간 경우와 1이 안 들어간 경우로 나누어 생각해 볼 수도 있겠고요. 중요한 것은 다음과 같은 논리적인 사고의 흐름입니다.

1. 중복되지 않도록 어떻게 기준을 정할 것인가
2. 정한 기준에 따라 상황을 몇 가지 경우로 나눌 것인가
3. 각각의 경우에서 방법의 수를 잘 구할 수 있는가

어린 시절부터 이러한 사고 과정을 충분히 즐기며 생각의 힘을 기른 아이들은 중학교, 고등학교에서 보다 정제된 용어와 기호를 접하면서 정확한 개념을 터득하게 되고, 응용하는 힘과 문제해결 능력을 기를 수 있게 됩니다. 계산 자체가 아니라 논리적, 구조적으로 생각해 보는 연습이 정말 중요하다는 것인데, 이것이 바로 수학 학습의 본질이지요. 〈보드게임〉을 하며 개념을 명확하게 이해하고, 생각하는 일을 즐겁게 받아들이는 힘을 얻을 수 있을 거예요.

05

정의로부터 출발하는 수학

🏛 정의와 기호의 약속 체계

수학은 정의와 기호의 약속으로부터 출발합니다. 새로운 용어가 등장할 때마다 그 용어에 대한 정의를 내립니다. 그래서 우리는 무수히 많은 용어에 대한 정의를 만나게 됩니다. 일단 정의를 내린 후에는, 해당 용어를 계속 사용하기 때문에 그 용어에 대한 정의를 정확하게 숙지하고 있어야 합니다.

사실 세상 모든 것의 이치가 비슷합니다. 우리가 일상적으로 사용하는 언어 또한 마찬가지죠. 수학에서는 수학의 세계에서 통용되는 정의와 기호의 규칙을 이해하면 됩니다. 즉, 수학의 언어를 잘 이해하는 것이 중요하며, 수학 문제해결 능력 못지않게 언어 능력, 독해 능력이 중요한 이유입니다.

보통 수학에서 새로 등장한 정의는 이후로 쭉 사용하기에 잘 기억해 두어야 합니다. 원, 삼각형, 사각형, 다각형 등 도형에 대한 정의, 짝수, 홀수, 약수, 배수, 소수 등 수에 대한 정의와 같이 매 단원마다 새로 익혀야 할 정의들이 마구 쏟아지지요. 이러한 정의는 어쩔 수 없이 외워야 하지만, 그렇다고 맥락 없이 달달 외우는 것은 의미가 없습니다. 구체적인 예시를 통해 반복하면서 저절로 외워질 수 있도록 해야 합니다.

두루 통용되어 기억하고 있어야 할 정의 외에, 문제 상황에서 새롭게 정의내리는 경우가 있습니다. 중학교, 고등학교로 갈수록 특정 문제 안에서 정의한 내용을 바탕으로 문제를 해결하도록 요구하는 경우가 많습니다. 특히 중·고등학교의 심화문제에서 많이 등장하는 문제 유형 중 하나이지요. 이런 문제일수록 수학적 맥락을 바탕으로 한 언어 규칙을 정확히 파악하여 적용하는 능력을 필요로 합니다. 그러니 어린 시절부터 꾸준한 연습을 통해 이러한 문제들을 해결할 수 있는 힘을 기르게 해 주세요.

보드게임과 정의

🏛 정의를 파악하는 보드게임

〈세트(SET)〉 게임을 예로 들어보겠습니다. 이 게임에서는 '세트'라는 용어를 정의합니다. 이 게임 안에서만 통용되는 정의이지요. 우리는 게임을 하기 위해서 먼저 '세트'가 무엇을 의미하는지 알아야만 합니다.

📖 **세트란?**
모양, 색, 개수, 음영 각 속성이 모두 같거나 모두 다른 3장의 카드

이것이 세트의 정의입니다. 이 정의를 제대로 이해한 후, 이 정의에 따라 게임을 진행하게 됩니다. 바로 앞에서 언급한, 특정 문제 상황에서 새롭게 정의내린 경우에 해당하지요. 이렇게 특정 보드게임 안에서 정의된 용어를 바르게 이해하고 게임에 적용하는 습관이 형성된 아이는 처음 보는 정의가 나와도 당황하지 않고 찬찬히 논리적으로 생각하며 주어진 정의를 어떻게 적용해야 하는지 파악하는 능력이 생깁니다.

〈루미큐브〉에서도 하나의 '세트'가 정의됩니다. 서로 다른 색의 같은 수 3개 이상 혹은 같은 색의 연속된 수 3개 이상의 타일이 세트가 되며, 테이블 위에는 반드시 세트인 타일들로만 배치되어야 합니다. 비슷한 스타일의 게임인 〈메이크텐〉에서는 같은 색으로 이루어진 합이 10 또는 20이 되는 타일 3개 혹은 4개가 세트가 되고요.

이처럼 각각의 보드게임마다 게임 안에서 진행되는 고유의 '정의'가 있고, 우리는 그 정의에 따라 만들어진 규칙을 지키며 게임을 진행합니다. 보드게임을 통해 정의의 중요성을 이해하고 정의를 파악하는 연습을 할 수 있는 것이죠.

06

논리적, 구조적, 전략적 사고의 발달

🏛 논리적 사고력과 문제해결 능력

흔히 수학은 논리적 사고력을 기를 수 있는 과목이라고 생각합니다. 한 단계 한 단계 풀이 과정을 거치는 것이 탄탄한 논리를 바탕으로 전개되기 때문인데요. 수학적 사고력이란 논리적 사고를 토대로 문제를 제기하고, 문제를 해결하는 능력을 의미합니다. 이 문제해결 능력을 기르는 것이 바로 수학 학습의 목표이자 방향이므로 아이와 수학 공부를 할 때에는 항상 이 능력을 잘 기르고 있는가를 염두에 두어야 합니다. 여러 단계의 논리적 추론을 거쳐야 하는 보드게임이나 여러 변수들 속에서 최선의 선택을 해 나가는 전략 보드게임을 통해 이와 같은 문제해결 능력을 기를 수 있지요. 이러한 보드게임들은 매 순간 최선의 선택을 해 나가는 인생의 문제해결 방식과 닮은 것 같기도 합니다. 따라서 보드게임은 수학적 사고력은 물론 삶에서의 문제해결 능력을 기르는 데에도 많은 도움이 됩니다.

보드게임과 논리/전략

♟ 논리추론 보드게임

재미와 논리적 사고력을 동시에 잡는 보드게임이 많이 있습니다. 〈다빈치코드〉나 〈루미큐브〉 같은 것들이 대표적인데요. 이 게임들은 전 세계적으로 많은 사람들이 즐기는 스테디 보드게임이기도 합니다.

〈다빈치코드〉는 규칙이 매우 간단하면서도 상당한 추론 능력을 필요로 하는 아주 좋은 게임입니다. 내가 가지고 있는 타일에 적힌 수와 상대방이 내려놓은 수를 관찰하고, 여기에 상대방이 하는 말에도 귀 기울여야 종합적으로 추론해서 상대방의 패를 맞힐 수 있어요. 〈루미큐브〉 또한 다양한 방식으로 타일들을 재조합하기 위해 머릿속으로 많은 시뮬레이션을 거쳐야 합니다. 생각을 많이 하면 할수록 더 좋은 방법이 등장하는 매력적인 게임이지요.

♟ 전략적 사고 보드게임

유아기에 여러 보드게임을 하며 재미를 붙이다 보면, 이제 전략적 사고에 도움이 되는 보드게임들을 시도해 볼 수 있습니다. 다양한 전략을 세우고, 승리하기 위해 어떤 전략을 세울지 판단하고 실행하는 과정에서 진정한 문제해결 능력 및 종합적 사고력을 기를 수 있지요.

찐남매네는 전략 보드게임 입문용으로 〈스플렌더〉가 괜찮았습니다. 우진이가 이해할 수 있을까, 전략을 세울 수 있을까 반신반의하며 시작했는데요. 첫 게임에서 굉장히 고전하길래 더 이상 흥미를 가지지 않을까 우려하기도 했지만, 상당히 재미있게 즐기더라고요. 제가 진심으로 게임에 임해도 엄마인 저를 이길 때가 꽤 많았습니다.

나눗셈 연산 게임인 〈셈셈눈썰매장〉을 통해서도 의외로 많은 전략을 구사할 수 있었습니다. 게임을 하면 할수록 새로운 전략을 발견하는 매력을 느낄 수 있었던 게임이에요. 다음 판을 고려할 때 큐브를 몇 개만 사용할지, 나머지를 0으로 만들지 혹은 최대로 만들지 등 다양한 전략이 가능하기에 우진이로 하여금 많은 생각을 하게 해 주었던 정말 좋은 게임이었지요.

오목이나 장기, 체스와 같은 전통 고전 게임들도 상당한 전략을 필요로 하는 매우 훌륭한 전략 보드게임입니다. 전략 보드게임이라고 해서 너무 거창하게 생각하지 말고, 우리가 잘 알고 있는 게임들을 하며 아이와 함께 즐거운 시간을 보내세요.

🏛 집합 구조 보드게임

수학이라는 학문이 하는 활동 중 하나는 같은 것과 다른 것을 분류하는 일입니다. 태어나서 가장 먼저 하는 일이 엄마, 아빠를 타인과 구분하는 일인 것처럼 세상을 나만의 기준에 따라 잘 분류해 낼 수 있다면 합리적으로 판단하는 능력이 생기게 되지요. 따라서 특정 조건에 따라 분류하고 파악하는 능력은 매우 중요한 수학 활동이자 인간 본연의 활동입니다.

〈픽미업 허니비〉나 〈모자를 찾아라〉와 같은 보드게임은 주어진 속성을 공통적으로 만족시키는 대상을 찾는 게임입니다. 분류하고, 패턴을 찾고, 공통점과 차이점을 발견하는 수학 활동에 매우 가까운 보드게임으로, 관찰력을 바탕으로 한 집합적 사고 능력을 기를 수 있습니다. 조금 더 어려운 〈세트(SET)〉 또한 집합적 사고의 진수를 보여 줍니다. 이러한 사고는 고등 수학으로 갈수록 빛을 발휘하여 복잡한 문제를 명료히 하고, 핵심을 파악하는 데 튼튼한 초석이 됩니다.

Chapter 5

수학으로 만나는 세상

일상의 문제를 해결하다

🏛 할인권과 영수증

'아이스크림 전 품목 20% 할인'

'오늘부터 10% 인상'

우리가 실생활에서 흔히 접하고 사용하는 문구입니다. 백분율이라고 하고, 퍼센트(%)라고 읽는 이 개념은 초등학교 6학년 수학 교과서에 처음 등장합니다. 그만큼 아이들에게 상당히 고차원적인 개념이지요.

하지만 일상적으로 많이 쓰다 보니 어느 날 우진이가 관심을 보이기 시작합니다. 발단은 한 쇼핑몰에서 받은 '5% 할인권'과 '10% 할인권'이었습니다. 이 할인권을 이용하면 더 싸게 살 수 있다고 했더니, 왜 그런지, 얼마나 싸게 살 수 있는지 물어보더라고요. 사실 분수 개념도 제대로 갖추지 않은 어린이에게 이 내용을 이해시키기란 상당히 도전적인 일이었지만, 일단 해보기로 했습니다.

🙂 퍼센트는 전체를 100으로 생각한 것을 말해. 그러니까 10%라고 하면 10이 몇 개 있어야 100이 되지?

🙂 10개요.

🙂 그렇지, 그러니까 10%는 10분의 1과 똑같아. 10분의 1이 뭔지 알아?

🙂 네, 0.1이요. 0.1이 10개 있으면 1이 돼요.

🙂 그래, 맞아. 우리 키즈카페 가서 이 할인권을 쓸 거야. 그런데 키즈카페 입장료가 아이는 22000원, 어른은 5000원이네? 우리 가족은 어른 둘, 아이 둘이니까 총 얼마를 내야 하는 걸까?

🙂 54000원이요.

🙂 좋아, 우리는 여기서 10% 할인을 받을 거야. 얼마를 10번 더하면 54000원이 되겠니?

🙂 5400원이요.

🙂 바로 그만큼이 10%야. 우리는 5400원을 할인받을 수 있어. 그러면 얼마를 낼까?

🙂 54000원에서 5400원을 빼면 48600원이요.

물론 위 대화가 순조롭게 이어진 것은 아닙니다. 1/10이라는 분수 표현이 나왔을 때, 우진이가 '안다'고 표현했지만, 사실 제대로 아는 것은 아니었습니다. 그렇지만 이 상황에서 분수 개념 자체가 우리의 목적이 아니기에 일단 넘어갔습니다. 또 5400×10을 계산하기 위해 기계적으로 0을 붙이면 된다는 것을 가르쳐 준 적이 없었고 우진이 스스로도 아직 인식하지 못했기에 5400원이라는 답에 이르기까지 상당히 오랜 시간이 소요되었습니다. 하지만 스스로 발견해 낼 때까지 굳이 가르쳐 주지 않을 생각이었습니다.

10% 할인권을 사용할 수 있는 식당에서 음식을 2개 주문하고 각각 영수증을 받은 후, 우진이의 계산은 계속 이어졌습니다. 작은 영수증 종이 한 장에서도 다음과 같이 다양한 수학적 대화를 나눌 수 있습니다.

🧒 돈까스는 12500원인데, 10% 할인 받으면 실제로 얼마를 낸 걸까?

🙂 잠깐만요, 제가 계산해 볼게요. 11250원이요.

🧒 이번엔 김치찜 9800원은?

🙂 8820원이요.

🧒 그럼, 우리 총 얼마 낸 거지?

🙂 11250원에 8820원을 더하면, 20070원이요.

🧒 어떻게 계산했어?

🙂 11000원에 8000원을 더하면 19000원이고, 200원과 800원을 더하면 1000원이 되니까 여기까지 20000원이 되고, 50원과 20원을 더하면 70원이니까 총 20070원이에요.

돈까스   12,500
10% 할인   -1250
김치찜   9800
10% 할인   -980

합계: 20,070

* 금회 포인트는 익일부터 사용
가능합니다.

주문한 음식을 기다리는 동안 영수증 하나로 비율 개념도 활용하고 덧셈, 뺄셈 계산 활동까지 했습니다. 마지막으로 영수증 맨 밑에 적혀 있던 '금회 포인트는 익일부터 사용 가능합니다'라는 문구에서 '금회', '익일'과 같은 단어 뜻까지 함께 이야기 나누었지요. 그리고 이제 우진이는 10%를 여러 번 구하는 과정에서 단순히 '0'을 하나 제외하면 된다는 것도 어렴풋이 인식하고 있음을 느낄 수 있었습니다.

영수증에 적힌 내용을 이해하는 과정에서 자연스럽게 비율 개념을 익히고, 덧셈 뺄셈 연습을 했을 뿐 아니라, 새로운 어휘도 습득하게 되었습니다. 아이에게는 실생활 속에서 자연스럽게 접했기에 이런 행위가 실질적으로 의미 있게 담겼을 테고요. 이러한 활동은 맥락 없이 반복되는 연산 문제집을 풀면서는 느끼지 못했을 수학의 유용성과 가치를 이해하는 데 큰 도움이 될 것이라 생각합니다.

🏦 은행통장 만들기

다섯 살이 되면서 돈의 의미를 점차 알아가는 우진이에게 가지고 있는 돈을 은행에 저금해 두면 나중에 찾을 때 이자를 받을 수 있다고 얘기했더니 많은 관심을 보이더라고요. 그래서 어느 날 어린이집에서 조금 일찍 하원한 후, 함께 손을 잡고 가장 가까운 은행에 찾아갔습니다. 아이 이름의 통장을 만들기 위해서요. 처음 은행에 가 보는 우진이는 설레는 감정과 반짝거리는 눈빛으로 세상에 대한 호기심을 가득 표출하더군요.

번호표를 뽑고, 의자에 앉아 기다립니다. "우리가 뽑은 번호표에 적혀 있는 수가 전광판에 나타나면 엄마에게 말해 줘"라는 말과 함께요. 가능하면 언제나 아이가 자신의 역할을 맡아 스스로 할 수 있도록 안내합니다.

우리 차례가 오고, 두근두근 떨리는 마음으로 창구 앞에 앉습니다. 준비해 간 서류들을 내고, 이런 저런 서류들을 작성하고요. 마지막으로 해야 하는 일이 있죠? 바로 비밀번호 4자리 만들어 누르기입니다. 미리 생각해 가지 못한 탓에 급하게 우진이와 상의하고, 우리만의 비밀번호를 만들어 해당 번호를 직접 누르도록 도와주었습니다. "이 번호는 아무한테도 알려 주면 안 돼, 우리끼리 비밀이야!"라고 말하면서 키득키득 함께 웃습니다.

드디어 통장이 만들어졌습니다. 자신의 이름이 적혀 있고, 지금까지 모은 돈 30만 원이 찍혀 있는 통장을 받아 든 우진이는 세상을 다 가진 듯 행복한 표정을 짓습니다. 그리고 곧바로 ATM 기계로 가서는 기계를 통해 돈을 인출하는 법을 하나하나 가르쳐 주었습니다. 은행이 문을 닫는 시간에는 기계를 통해 돈을 입금하거나 출금할 수 있다는 설명과 함께요.

그 후로 며칠 동안 우진이는 만나는 사람마다 통장을 자랑하고, 틈틈이 통장이 잘 있나 확인하고, 통장을 품에 안고 다니면서 자신의 전 재산이 든 통장에 큰 애정을 표현하더라고요.

한 번은 어린이날 기념으로 외삼촌이 보내준 용돈을 제가 계좌이체로 아이에게 보내 주었습니다. 통장을 들고 ATM 기계로 가서 그 돈을 뽑아 어린이날 선물을 사기로 했죠. 10만 원을 인출했는데 아뿔싸, 휴일이라고 수수료 500원이 더 나가 버렸네요. 통장에는 30만 원에서 10만 원을 더해 40만 원이 되었다가 10만 500원이 빠져나간 금액인 299500원이 적혀 있었습니다. 슬퍼하는 우진이를 위해 제가 급하게 500원을 계좌이체로 보내 주었습니다. 이 과정에서 큰 수 읽기와 간단한 덧셈, 뺄셈까지 이루어진 것은 덤이었고요.

수학에서 가장 기본이 되는 '수 개념 및 연산'은 돈을 사용하고 돈을 주고받는 경제 활동과 직접적으로 연관이 있기에 아이가 돈을 스스로 관리할 수 있도록 하는 것은 수학과 경제 개념을 동시에 익히기에 아주 좋은 방법입니다. 사고 싶은 장난감을 아이 돈으로 사도록 한다면 아이 스스로 절제하는 능력도 기를 수 있고요.

이 모든 것의 핵심은 자기주도성입니다. 제가 강조하고 싶은 것은 '5세가 되면 아이 통장을 만들어 주세요'가 아닙니다. 아이에 따라 아직 종이에 적힌 수에 불과한 통장에 자신의 돈이 들어 있다는 개념을 받아들이지 못할 수도 있습니다. 아이의 성향을 가장 잘 아는 사람은 바로 부모님입니다. 우리 아이가 돈에 대해 관심이 있는지, 은행에 저축한다는 의미를 받아들일 수 있는지 등을 면밀히 관찰하면서 어느 날 툭 무심한 듯이 통장을 만들 수도 있다는 말을 흘려 보세요. 아이가 관심을 보인다면 바로 그때가 적기입니다. 그리고 통장을 만드는 전 과정을 아이와 함께하며 최대한 아이 눈높이에서 아이 스스로 과정을 밟을 수 있도록 도와주세요.

🏛 환율과 환전

어느 날부턴가 우진이가 다른 나라 돈에 관심을 보이기 시작합니다. 특히 미국에서 사용하는 화폐는 '달러'임을 알고 1달러가 우리나라 돈으로 몇 원과 같은지를 궁금해 했어요.

🧒 엄마, 1달러가 우리나라 돈으로 얼마예요?

👩 지금은 1달러가 1300원이랑 같아. 그러니까 은행에 가서 1300원을 내면 1달러로 바꿀 수 있어. 우리가 다른 나라로 여행 갈 때는 달러로 바꿔서 달러를 가지고 가야 돼.

🧒 우리 통장 만들었던 그 은행에 가면 달러로 바꿀 수 있어요?

👩 그럴 수 있지.

🧒 그럼, 가서 바꿀래요.

👩 그런데 1달러가 우리나라 돈으로 얼마인지는 매일 조금씩 바뀌어. 오늘은 1300원이지만, 내일은 1250원이나 1350원이 될 수도 있거든. 1300원은 조금 비싼 편이야. 아마 1200원 정도 할 때가 올 거야. 바꾸고 싶으면 그때 바꾸는 게 어때?

😊 엄마, 내일은 얼마가 돼요?

😊 그건 엄마도 몰라. 내일 얼마가 되는지 미리 알 수는 없어. 만일 내일 1400원이 되는 걸 안다면, 오늘 1300원 내고 1달러로 바꾼 다음 내일 다시 바꾸면 공짜로 100원이 생기게?

이해 안 되는 것투성이라는 표정을 짓는 우진이입니다. 그도 그럴 것이 환율이 매일 바뀐다는 게 우진이 세상에서는 도저히 이해될 수 없겠지요. 어떤 물건의 가격이 오늘 200원 하다가 내일은 300원 하다가 또 모레는 100원 하는 일이 지금까지는 없었으니까요. 아직 이해할 수 없는 부분은 미지의 영역, 호기심의 영역으로 남겨 둡니다. 궁금증을 간직하고 있다가 아마 언젠가 '아하!' 하는 날이 올 테니까요. 해외여행을 가게 된다면 꼭 우진이와 함께 은행에 가서 환전 경험을 해 봐야겠구나 생각하며 이날은 이야기를 마무리합니다.

그러던 어느 날, 우연히 집에 있던 여러 다른 나라 화폐들을 꺼내서 아이들에게 구경시켜 주었습니다. 여행을 좋아하는 제가 여러 나라들을 여행한 후 남겨 두었던 자투리 지폐나 동전들이었죠. 달러나 유로화는 물론 중국, 베트남, 인도, 필리핀, 캄보디아, 싱가포르, 튀르키예 등 다양한 나라의 화폐들을 직접 살펴보며 환율 개념을 생각해 보는 시간을 가졌습니다.

😊 엄마, 중국 돈은 뭐라고 불러요? 필리핀은요? 인도는요? 베트남은요?

🧒 중국 돈은 위안, 필리핀 돈은 페소, 인도 돈은 루피, 베트남 돈은 동이라고 해.

😊 그럼, 중국 돈 1위안은 우리나라 돈으로 얼마예요? 필리핀은요? 베트남은요?

🧒 1위안은 대략 180원쯤 하고, 1페소는 아마 25원쯤 할 거야. 그리고 베트남 돈은 엄청 크지? 이건 거꾸로 우리나라 돈 1원이 20동 정도 해. 그러니까 이 100000동짜리 지폐는 우리나라 돈으로 얼마일까?

😊 5000원이요.

이런 경험을 통해 다른 나라 화폐에 호기심이 폭발한 우진이는 매일같이 환율을 묻기 시작합니다. 현재 1300원 정도 하는 환율은 좀 비싼 편이니, 1200원 정도가 되면 바꾸러 가자는 엄마의 말 때문에 언제 1200원이 되나 오매불망 기다리며 오늘의 환율은 얼마인지 묻고 또 묻습니다. 결국엔 여행 갈 때까지 기다리지 않고, 그냥 환전 경험을 해보기로 했어요. 컨디션이 안 좋아 어린이집을 쉬게 된 날, 환전하러 은행에 가자고 했더니 매우 기뻐하더라고요.

🧒 우진아, 우리 얼마 정도 환전할까? 음, 40달러 정도 어때?

😊 네, 좋아요.

🧒 요새 환율이 1달러에 1300원 정도인데, 40달러를 받으려면 우리나라 돈 얼마를 내야 할까?

🧑 1달러는 1300원이니까 10달러는 13000원이고, 40달러는 52000원이요.

🧑 그런데 사실 은행에 가서 환전을 하면 '수수료'라는 것을 내야 돼. 은행원 아저씨가 바꿔 주는 일을 해 주시니까 그만큼 돈을 내야 하거든. 그래서 아마 52000원보다는 조금 더 돈을 내야 할 거야.

위와 같은 대화를 통해 초등학교 6학년 때 처음 등장하는 비와 비례 개념을 막연하게나마 함께 생각해 볼 수 있었습니다. 많은 아이들이 어려움을 겪는다고 하는 비와 비율, 비와 비례 단원 역시 이렇듯 실생활에서 정말 많이 활용되고 있지요.

우진이는 최종적으로 52100원을 내고 40달러를 환전했습니다. 자신의 용돈에서 52000원을 내고 부족한 100원만 엄마가 지원해 주었지요. 이번엔 40달러를 어떤 지폐로 받을지 선택해야 했어요. 아이가 여러 지폐를 골고루 가지고 싶다고 해서 10달러짜리 2장, 5달러짜리 2장, 2달러짜리 3장, 1달러짜리 4장으로 다양하게 받았고요. 현금으로 가지고 있던 남은 용돈은 바로 은행 ATM 기계를 이용해서 입금하는 연습도 했습니다. 달러를 받아 들고 신이 난 우진이는 그날부터 몇 날 며칠을 품에 안고 다녔지요. 40달러를 만들 수 있는 다양한 방법들을 주제로 대화도 나누고요.

"엄마, 이번엔 중국 돈으로 바꿔 보고 싶어요!"

(그… 그건… 중국 여행 갈 때 바꾸면 안 되겠니?)

$$\boxed{02}$$

자기주도 학습능력 기르기

🏛 자기주도성은 인간의 본성

어릴 적 공부를 시작하려다가도 부모님이 잔소리하시는 순간 오히려 하기 싫어졌던 경험이 있지 않나요? 흔히 청개구리 기질이라고 말하는 이런 경험은 사실 우리 누구나 가지고 있는 성향이라고 생각합니다. 동기부여이론으로 유명한 매슬로의 욕구 5단계 이론에 따르면, 인간에게는 존중의 욕구, 자아실현 욕구가 상위 단계에 있기 때문이죠.

모든 부모님들은 아이가 인생의 주체가 되어 삶의 이유와 방향을 찾고, 자신이 하고 싶은 일을 하며 행복한 삶을 꾸려 나가기를 바라고 응원합니다. 아이가 공부를 잘하길 원하는 마음도 궁극적으로는 공부를 잘할 때 그 길에 다가가기 쉬워질 것이라 생각하기 때문입니다. 따라서 아이가 공부하는 과정 또한 자기주도적이어야 한다는 사

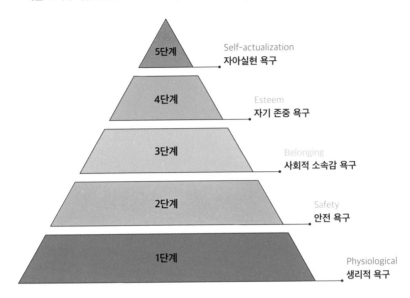

* 매슬로 욕구이론 Maslow's hierarchy of need theory

5단계 Self-actualization 자아실현 욕구

4단계 Esteem 자기 존중 욕구

3단계 Belonging 사회적 소속감 욕구

2단계 Safety 안전 욕구

1단계 Physiological 생리적 욕구

실은 매우 중요합니다. 스스로 계획하고, 실행하고, 성취하며 도전하는 경험을 통해 내적 동기를 부여받고 자신감을 얻어 행복한 감정을 느끼며 성장하게 되는 것이죠.

'자기주도성'은 인간의 기본 욕구이기에 아이들은 누구나 굉장히 자기주도적으로 학습합니다. 3~4세 정도 말이 트일 무렵부터 "내가, 내가!!"를 외치곤 하죠. 아무리 넘어져도 다시 일어나서 걸음마 연습을 하고, 서툰 숟가락질로 밥의 반은 흘리면서도 스스로 하려고 하고, 바쁜 아침에 옷을 입거나 신발을 신을 때도 혼자 하려고 해서 서두르고 싶은 부모님 마음을 애타게 하기도 합니다.

아이가 혼자 하는 것이 조금은 서투르고 느릴지라도 인내심을 가지고 믿고 기다려 주세요. 저 또한 아이들을 키워 보았기 때문에 늘 이렇게 할 수 없다는 것도 잘 압니다. 할 수 있는 상황이라면, 부모인 나의 인내심만 있으면 되는 상황이라면 답답한 마음을 감추고 아이의 행동을 지켜보며 격려해 주세요. 이것이 자기주도성 기르기의 첫 시작이거든요. 여러 번의 실패와 도전을 통해 배우고 성장하는 경험을 해본 아이들은 앞으로 배우는 모든 영역에서 적극적인 태도를 보여줄 것입니다.

⛰ 자기주도성의 출발은 '호기심'과 '재미'

공부를 한다는 것은 새로운 것을 배운다는 것입니다. 원래 '배움'이란 즐겁고 흥미로운 일입니다. 어제의 내가 몰랐던 것을 오늘의 내가 새롭게 알게 되는 걸 경험한 아이들은 스스로를 매우 뿌듯해 하며 세상에 대해 더욱 큰 호기심을 가지게 됩니다.

산을 오르는 행위는 어렵고 힘들지만 많은 사람들이 산을 오릅니다. 산을 오르는 과정에서 신선한 공기와 자연의 아름다움을 만끽하기도 하고, 정상에 오르고 나면 성취감으로 뿌듯한 감정을 느끼기도 하죠. 공부를 하는 행위도 이와 비슷하다고 생각합니다. 단순한 쾌락이 아닌, 조금은 도전적인 과제를 수행하면서 얻는 성취감이 훨씬 더 크고 깊은 행복감을 안겨 줍니다. 세상에 대한 새로운 지식을 쌓아간다는 즐거움, 지식을 얻는 과정에서 내가 해냈다는 성취감과 앞으로도 해낼 수 있겠다는 자신감은 '공부'가 나를 괴롭히는 대상이 아니라 나를 성장하게 하는 원동력이 되도록 이끌어 줍니다.

우선 공부란 '재미있는 것'이라는 인상을 심어 주세요. 대부분의 어른들은 공부란 무언가 재미없고 지루하지만 해야 하는 것이라는 인식을 가지고 있습니다. 그래서 무의식적으로 '공부 이만큼 하면 놀게 해 줄게'와 같이 공부를 즐거운 놀이와 반대되는 개념으로 사용합니다. 생각해 보면 아직 '공부'라는 단어에 대한 선입견이 없으며 세상은 배워야 할 것들로 넘쳐나는 흥미로운 곳으로 인식되는 아이들에게 굳이 '공부'에 대한 부정적인 이미지를 심어 줄 필요가 전혀 없습니다.

찐남매네 집에서는 '공부하자'가 '놀자'와 거의 비슷한 개념으로 쓰입니다. 물론 아직 어린 아이들이기에 가능한 이야기일 수도 있겠지만, 저는 이런 느낌을 최대한 오랫동안 가지도록 도와주고 싶습니다. 조금 지나면 공부하는 과정이 점차 힘들어지겠죠. 이때에도 지루하다, 하기 싫다는 감정보다는 힘들지만 뿌듯하고 보람차며 새로운 걸 알아 가는 과정 자체가 흥미롭다고 생각하기를 원합니다. 그래서 우진이는 물론, 예진이에게서도 종종 '공부하고 싶어요'라는 말을 듣습니다. 예진이의 공부하자는 말은 3~4세용 색칠놀이나 스티커붙이기 등으로 이루어진 학습지를 하고 싶다는 것을 의미합니다. 공부하는 행위가 얼마나 흥미롭고 즐거운지 경험할 수 있도록 도와주고 싶은 마음으로 함께 '공부'합니다.

🏛 생각하는 과정은 즐거워

말뚝에 묶인 어린 코끼리 이야기를 아시나요?

어린 시절부터 말뚝에 묶인 코끼리는 자유를 찾아 몇 번이고 탈출을 시도하지만 번번이 실패합니다. 누적된 실패의 학습으로 '나는 도저히 벗어날 수 없구나'라는 잠재의식이 뿌리박힌 코끼리는 어른이 되어 말뚝을 벗어날 만한 충분한 힘을 가졌음에도 탈출을 시도하지 않는다고 합니다. 게다가 새로 태어난 아기에게도 '우리는 말뚝을 벗어날 힘이 없어'라고 가르칠지도 모르죠.

우리가 수학에 대해 가지고 있는 선입견은 어쩌면 말뚝에 박힌 코끼리 모습과 닮아 있는 것은 아닐까요? 부모님부터 지금 당장 수학은 어렵고 지루한 것이라는 편견에서 벗어나 주세요. 그리고 우리 아이들에게 수학은 '날 힘들게 하고 괴롭히는 것'이라는 잘못된 생각이 자라나지 않도록 도와주세요. 유아기와 초등학생 시절의 수학에 대한 경험은 무조건 즐겁고 흥미로운 것이어야 합니다. 생각하는 과정을 즐길 수 있는 힘을 기르는 시기가 되어야 합니다.

그런 면에서 보드게임은 생각의 즐거움을 깨닫게 해 주는 아주 훌륭한 장난감이자 교구입니다. 가족 간의 화기애애한 시간, 규칙을 이해하고 차례를 지키는 연습과 같이 부수적인 효과도 어마어마하지요. 한편 많은 양의 문제를 반복적으로 푸는 것은 오히려 장기적으로 흥미를 떨어뜨릴 수 있기에 조심스럽게 접근해야 합니다. 양보다 질이 중요합니다. 한 문제를 풀더라도 충분히 생각하는 경험을 했다면 매우 훌륭합니다. 단순히 몇 문제 풀었느냐에 집중하지 말고, 얼마나 깊고 다양하게 고민하고 생각했는지에 초점을 맞추어 주세요.

🏛 자기주도적으로 하는 수학 공부

고등학생들이 수학 공부 하는 모습을 보며 가장 안타까운 점은 공부를 많이 하는 것처럼 보이지만 실상은 제대로 된 '자기주도적' 공부를 하는 학생들이 많지 않다는 것입니다. 아이들은 수학 공부를 '더' 하기 위해 수업을 하나 '더' 수강합니다. 학원에 가서 수업을 듣거나, 학교에서 방과후 수업을 듣거나, 인터넷 강의(일명 인강)를 듣는 것이죠. 이렇듯 수업을 여러 번 반복해서 들으며 수학 공부를 많이 하고 있다고 착각합니다. 그런데 시험을 보면 결과가 안 좋으니 자신은 수학 공부를 많이 해도 성적이 잘 안 나오는 아이라고 여기는 악순환이 반복됩니다. 성적이 잘 안 나오는 단 하나 자명한 이유는, 수학 공부를 제대로 하지 않았기 때문입니다. 모든 공부가 마찬가지이지만 특히 수학이야말로 자기주도적으로 할 때와 그렇지 않을 때 그 차이가 엄청나게 큰 과목입니다.

학생들은 문제집을 풀면서 모르는 문제가 나오면 바로 선생님에게 질문을 합니다. 아마 학원을 다니면서 더더욱 그러한 방식에 익숙해졌을 거예요. 학원에서 마련해 준 교재를 풀어 가면, 선생님이 그 교재의 문제 풀이를 해 주십니다. 심지어 어떤 곳은 중학생인데도 선생님이 채점을 해 주시기도 합니다.

저는 학생들이 수학 문제를 질문했을 때 되도록 바로 답해 주지 않으려고 합니다. 저에게 물어볼 바에야 차라리 해설지를 보라고 말합니다. 물론 그 전에 오랜 시간이 걸리더라도 스스로의 힘으로 해결한다면 가장 좋겠지만, 선생님인 저에게 질문한 아이에게 그런 말은 너무 이상적이라 귀에 안 들어올 것입니다. 차선책으로 해설지를 보고 이해해 보려고 애쓰되, 그래도 정 이해 안 되면 그때 다시 물어볼 것을 요구합니다. 선생님 설명을 듣는 방식은 가장 쉽고 편한 방법이자, 가장 생각을 덜 하며 가장 자신의 것으로 만들지 못하는 방법입니다. 그나마 해설지를 보면서 한 줄 한 줄 이해하려고 노력하는 과정을 통해 조금이나마 생각하는 힘을 기르게 되는 것이죠.

혼자 공부하는 것이 자기주도적 공부의 전부가 아닙니다. 혼자 공부하더라도 인강만 계속 보며 소위 '듣는' 공부를 한다면 그것 또한 자기주도적 공부가 아닌 셈이죠. 수학은 '듣는' 공부가 아닌 '쓰는' 공부입니다. 연필을 잡고 손으로 쓰고, 손으로 쓰면서 머리를 써야 합니다. 열 개의 문제 풀이 수업을 듣는 것보다 한 개의 문제를 스스로 푸는 것이 훨씬 도움이 됩니다.

학원을 다니든, 과외를 하든, 혼자 공부하든 진짜 자기주도적인 공부를 해야 합니다. 스스로 개념을 정리하고, 문제에 적용해 보고, 고민하며 어려운 문제들을 해결해 보는 경험이 매우 중요합니다. 처음에는 오래 걸리고 돌아가는 것 같더라도 장기적으로는 결국 이러한 경험들이 쌓여 진정한 수학적 사고 능력을 기를 수 있게 됩니다.

🏛 선택권은 아이에게

초등학생, 심지어 중학생, 고등학생이 되어서도 부모님이 문제집을 정해 주시는 경우가 있습니다. 시기별, 단계별, 수준별 문제집 로

드맵이 도표화되어 있어서 꼭 그 문제집을 풀어야 한다고 여기며 아이들에게 사다 줍니다. 이는 아이에게서 자기주도적으로 공부할 기회를 빼앗는 행위입니다. 아이와 함께 서점에 가서 아이가 직접 자신이 풀고 싶은 문제집이나 학습지를 고를 수 있도록 해 주세요. 물론 때로는 아이가 고른 문제집이 부모님 마음에 들지 않을지도 모릅니다. 그래도 괜찮습니다. 아이는 스스로 문제집을 골랐기에 더 애정을 가지고 풀 것입니다. 혹시 자신이 고른 문제집이 막상 풀어 보니 생각과 다르다 하더라도 다음에는 어떤 문제집을 골라야 할지 선택의 기준을 하나 얻은 셈이라 괜찮습니다.

학습 계획을 세울 때도 마찬가지입니다. 부모님이 하루에 수학 문제집 몇 장씩 풀자 하고 정해 주는 것이 아니라, 아이와 함께 계획을 세우며 아이 스스로 정할 수 있도록 도와주세요. 특히 유아 시절이나 초등학교 저학년 시절에는 '스스로 하고 싶다'는 마음을 북돋워 주는 일이 가장 중요합니다. 스스로 선택하고 계획하는 과정에서 자신이 중요한 사람이라고 느끼게 해 주어야 합니다. 부모님은 오늘 당장 학습지 몇 장 풀었느냐를 체크하지 말고, 수학에 흥미와 호기심을 가질 수 있는 방향으로 이끌어 줄 방법을 고민해야 합니다. 아이가 생각하는 과정을 즐기고, 자신의 생각을 논리적으로 표현할 수 있도록 도와주세요. 수학을 통해 아이가 만나는 세상이 단단한 자신감을 바탕으로 호기심 가득한 곳이 되기를 진심으로 기원합니다.

자녀와 함께 이 순간, 수학으로 발견하는 행복

"오늘 숙제 두 쪽 다 했어?"

"숙제 빨리 해."

오늘도 이런 잔소리가 집안 공기를 가득 메우고 있지는 않나요?

부모님과 아이들의 삶의 장면 속에 자연스럽게 수학이 등장하는 모습을 상상합니다. 일상적인 대화를 통해 생각하는 습관과 수학적 사고 능력이 길러지는 모습을 상상합니다. 온라인 게임 대신 온 가족이 둘러앉아 보드게임을 즐기며 행복한 웃음이 피어나는 가정의 모습을 상상합니다.

수학이 참 재미있구나.

수학 공부를 하는 여정이 흥미롭구나.

수학을 배우니 우리 삶에 대한 이해의 폭이 넓어졌구나.

수학을 공부하며 논리적으로 사고하는 힘을 길러 세상사를 보다 합리적으로 판단할 수 있는 창틀을 가지게 되었구나.

제가 전하고 싶은 수학의 가치, 수학 학습의 가치입니다. 고등학교 교사로 교실에서 만나는 학생들은 수많은 시간들을 수학 공부를 하는 데 사용합니다. 그런데 어찌된 일인지 그렇게나 노력하고 애쓰는데도 좀처럼 실력이 쌓이지 않는 학생들이 많았습니다. 수학을 공부하는 일이란 수학 공식을 외우고, 공식을 적용하고, 문제 유형을 외우는 것이라는 잘못된 틀에 갇혀 버린 아이들이 많았던 것이죠. 이미 오랫동안 이런 방식의 수학 공부에 길들여져 왔기에, 문제를 해결하기 위해 깊이 생각하고 다양하게 접근하려는 시도 자체를 두려워합니다.

최근 '메타인지 능력'이 화두가 되고 있습니다. '메타인지 능력'이란 자신이 아는 것과 모르는 것을 파악하는 능력을 말합니다. 메타인지 능력이 뛰어난 사람은 내가 무엇을 아는지, 무엇을 모르는지 잘 알고 있으므로 무엇을 목표로 해야 할지, 어떠한 방향으로 나아가야 할지 쉽게 설정할 수 있습니다. 메타인지 능력을 키우기 위해서는 아이가 스스로 생각하고 스스로 판단할 기회를 주어야 하며, 배움의 과정에서 호기심과 흥미를 느끼고 의미를 찾을 수 있어야 합니다.

어린 시절부터 생각하는 일의 즐거움과 문제해결의 기쁨을 충분히 경험한 아이들은 분명 뛰어난 메타인지 능력을 갖게 되리라 생각합니다. 이를 바탕으로 다양한 분야에서 크게 성장할 수 있는 잠재 능력이 차곡차곡 쌓여 가는 것이죠. 그러니 선행 학습이라는 명목으로 단순히 진도 나가기에만 급급하거나, 심화 학습이라는 명목으로 아이들에게 산더미 같은 문제들을 빠르게 풀어 내도록 요구하는 현실에서 우리 아이들을 지켜 주세요. 사랑하는 우리 아이들이 진정한 학습 능력과 자기주도성을 기를 수 있도록 도와주세요. 운동을 통해 몸의 근육을 키우듯이 생각의 근육을 키워 가는 방향에 함께해 주세요.

"내가 가장 세상에 하고 싶은 이야기는 무엇인가?"
"내가 가장 돕고 싶은 사람은 누구인가?"

이 책은 이러한 질문에 답을 구하는 과정에서 출발했습니다. 저는 수학을 어렵고 딱딱하며 내 삶과 동떨어져 있다고 생각하는 사람들, 수학을 학습하는 진정한 의미를 발견하지 못하는 많은 사람들을 돕고 싶었습니다. 수학을 알아 가는 일은 곧 생각하는 즐거움과 문제해결의 기쁨을 깨닫는 과정임을 독자들과 함께 느끼고 싶었습니다. 특히 가능성이 무궁무진한 아이들에게 깊이 생각하는 힘을 길러 주고 수학을 친숙하게 여기도록 응원해 주고자 하는 부모님들을 돕고 싶었습니다.

수학을 배우는 일이 더 이상 지루하고 힘든 일이 아닌, 사고의 즐거움을 깨달아 가는 행복한 시간이 되기를 희망합니다. 이 책을 통해 얻은 여러 아이디어들과 노하우를 바탕으로 아이들과 함께하는 소중한 순간들마다 행복이 피어나길 바랍니다. 그리고 오늘도 우리 아이들에게 속삭여 주세요.

"온 우주만큼 너를 사랑해."
"엄마, 아빠에게 와 줘서 고마워."

📖 책에 소개된 보드게임 목록

· **코리아보드게임즈** www.koreaboardgames.com

서펜티나, 치킨차차, 스머프 사다리 게임, 할리갈리, 로보77, 파라오코드, 우봉고, 우봉고 3D, 러시아워 주니어, 블로커스, 다빈치코드, 루미큐브, 세트(SET), 스플렌더

· **행복한바오밥** www.happybaobab.com

도블 동물원, 픽미업 허니비, 셈셈수놀이, 셈셈피자가게, 셈셈눈썰매장, 셈셈롤러코스터, 코잉스

· **애들랜드 수입판매원: ㈜에프비존**

당근 질주 토끼 운동회

· **다즐에듀** www.dazzleedu.com

스택버거

· **놀이 속의 세상** www.kodkod.co.kr

모자를 찾아라!

· **조이매스** www.joymath.net

자석달팽이 우주여행

· **학산문화사** www.haksanpub.co.kr

브레드마블

· **공간27** www.gonggan27.com

스킵피티

· **보약게임** thinksmart.co.kr/boyakgame

메이크텐

· **도서출판 창** www.changbook.com

어린이 스도쿠

· **제우미디어** www.jeumedia.com

네모네모로직

보드게임으로 즐기는 엄마표 놀이 수학

초판 1쇄 발행   2024년 3월 31일

지 은 이   조은수
펴 낸 이   한승수
펴 낸 곳   문예춘추사

편   집   이상실, 구본영
디 자 인   박소윤
사   진   문예춘추사(편집팀)
마 케 팅   박건원, 김홍주

등록번호   제300-1994-16
등록일자   1994년 1월 24일
주   소   서울특별시 마포구 동교로 27길 53, 309호
전   화   02 338 0084
팩   스   02 338 0087
메   일   moonchusa@naver.com

I S B N   978-89-7604-656-7 03370